セレクション社会心理学－5

新版
社会のイメージの心理学

ぼくらのリアリティはどう形成されるか

池田謙一 著

サイエンス社

「セレクション社会心理学」の刊行にあたって

近年、以前にも増して人々の関心が人間の「心」へ向かっているように思えます。「心」の理解を目指す学問領域はいくつかありますが、その一つ社会心理学においては、とくに人間関係・対人関係の問題を中心にして刺激的な研究が行われ、着実にその歩みを進めています。

従来から、これらの研究を広く総合的に紹介する優れた本は出版されてきましたが、個々のトピックについてさらに理解を深めようとしたときに適切にその道案内をしてくれるシリーズはありませんでした。こうした状況を考慮し、『セレクション社会心理学』は、社会心理学やその関連領域が扱ってきた問題の中から私たちが日々の生活の中で出会う興味深い側面をセレクトし、気鋭の研究者が最新の知見に基づいて紹介することを目指して企画されました。道案内をつとめるのは、それぞれの領域の研究をリードしてきた先生方です。これまでの研究成果をわかりやすいかたちで概観し、人間の「心」について考える手がかりを与えてくれることでしょう。

自ら社会心理学の研究を志す学生の皆さんだけでなく、自己理解を深めようとしている一般の方々にとっても大いに役立つシリーズになるものと確信しています。

編集委員　安藤清志　松井　豊

目　次

3

「日常的常識」と社会的現実

目　次

4

信頼と社会構造 91

6

マスメディアとインターネット…………177

1•悲劇のリアリティ
——社会的現実とは

私たちの「社会のイメージ」は、社会的現実の上に成り立っています。

社会的現実とは、私たちが社会の中で生じるできごとやものごとのあり方を目の当たりにして、それがどんな悲劇や大いなる幸運であったとしても、確かに本当に起きたことなのだ、現実世界はそうなっているのだ、と理解するときに感じられる現実感（リアリティ）を指して言います。そんなの、当たり前のことではないか。テレビ中継で、そこに映し出されたものがまさにリアリティだ、とただちに反論がくるかもしれません。

実は世の中、そのようには単純にできていない、ということを本書は語ろうとしています。テレビ映像が世の中のできごとを多くの人に共有させるものであり、その理解の上に世界が築かれていくのは確かですが、それを本当に本当だと納得するために私たちはリアリティのチェックを多重に行っています。これを強調するのが本書の第一のポイントです。

私たちは映像のできごとをごく日常的に他者と語り、自分の過去の経験に問いかけます。この過程を通じてこそ、それがリアル・リアリティであることを確信し、さらにその意味を解釈していくのです。

このリアリティのチェックの中で、私たちが他者と社会的現実を共有できれば、それが現実の難しさにひるまず、立ち向かうための大いなる出発点となります。現実の持つ意味を共有できてこそ、力を合わせることができるでしょう。

しかし、二一世紀に入った初めの十数年の間、「911」や「311」の経験を通して、私たちは社会的現実を共有できない人々にぶつかってしまい、そこで対応のすべを失い、立ち尽くしてしまうという痛い経験をしています。共有できない人々は西欧世界とイスラム世界の間だけではありません。日本の原子力発電所の再稼働派と反対派の間にも大きな溝があります。共有できない人々との間で互いの現実感の正しさを争うだけでは、どこにも行き着きません。ではどうすればいいのか。これが本書の二つめのポイントとなります。本書は二〇年前の著書の新版ですが、この新版では社会的現実が共有できない恐れを通奏低音に「社会のイメージ」を検討していきます。まずはスタートのエピソードから紹介しましょう。

●「911」

私たちの生きる時間は淡々と流れていくように見えますが、時に「911」や「311」のように、事件の起きた日が象徴的に記憶されることがあります。その時点を境に私たちの世界の何かが変わってしまった、という印象を多くの人が持っているのです。「911以後」という言い方は世界中に満ちていますし、日本では「311以後」を「戦後」に代わる「災後」と呼ぼう、と主張する論者さえいます。

911は今世紀に入ってからの大きな事件ですから、あなたがまだ幼い頃のことだったとしても耳にしたことはあると思います。二〇〇一年九月一一日に起こったアメリカ同時多発テロ事件を指す言葉です。この日、アメリカの複数の地点でテロが同時的に発生、ニューヨーク・世界貿易センターのツインの摩天楼の崩壊をはじめとして、三〇〇〇人の人命が一挙に失われました（図1）。それは、アメリカの繁栄や資本主義の象徴が破壊されたことに留まりませんでした。その後数年以上にわたって、鳴動は続き、そして世界は変わってしまったのです。

911にまつわる個人的な経験を思い起こしてみます。私はこの年、八月末から海外出

図１　飛行機が突入し，炎上する世界貿易センタービル
（写真提供：ロイター＝共同）

張をしていました。スウェーデン・ストックホルムでの研究会議に参加してから、サンフランシスコ開催の学会発表に向かいました。ドイツ・フランクフルト経由の長旅です。この経由地で奇妙なことが起きました。通常の出国審査以外に飛行機の搭乗口でアメリカ政府の係官がさらに入念な審査をしていたのです。パソコンまで細かにチェックされました。何が問題なのだと一言抵抗したら、パソコンだって殴る武器になる、などと意味不明な言葉を吐きます。笑えません。ですが、何事もなくアメリカに到達、さらに数日して別の打合せでカナダ・トロントを経て帰国したのでした。

が、帰国の翌夜、午後十時のニュース。いきなり飛行機が突入して燃え始める片方の摩天楼が映し出され、ほとんどすぐにもう一機が二棟目に突入する様子がライブで伝えられたのです。事件が偶然でないこと、つまりテロであるらしきことは、さらに連鎖した悲劇から想像はできましたが、その後の事態の展開、そしてそれが世界に対して持つ意味までは、とても見通せませんでした。

テロのとき、ニューヨークに何人かの友人がいました。日本のメディアの特派員だった元同窓生は、数日間不眠不休の取材をしたといいます（この間応援部隊が入ることはセキュリティ上不可能でした）。数年後に外国人研究員として仕事の相棒となったアメリカ人大学院生は、マンハッタン島対岸のアパートで大家さんに大声で呼ばれて屋上に上り、その場で二機目の突入シーンを直接見てしまったといいます。トロント在住の友人は老母を見舞ったニューヨークから帰途直前に事件が起き、その後必死の思いでレンタカーを探し一〇〇〇キロ以上を走破して戻ったといいます。

私たちはマスメディアを通した事件の像ばかりでなく、こうした個人的な経験を互いに語り合うことで、自分たちにとって事件にどんな意味があるのか、それはどんな経験だったのかを現実の像として練り上げていきます。後から思い起こせば、フランクフルトで私が経験したできごとはアメリカの警戒網が顔をのぞかせたものだったのですが、そのことも友と語ることで理解していったのです。９１１の大きなできごとそのものはマスメディアを通じてあまりにも鮮明に伝えられましたが、それをまさにリアルな、実感のある、どこか遠いところのものでない、自分にとって意味のある社会的なできごととして受け止め、自分にも何らかの形でつながるような事態なのだと理解できるのは、こうして語りあい、コミュニケーションする中から紡ぎ出される社会的現実感なのです。

逆に、私の研究室のある大学院生は風邪でもうろうとした頭でこの中継を一人で見、何かへんなB級映画だと判断して寝てしまい、事件であることに気づいたのは翌日だったと言います。こうしたことは、

「人は何にリアリティを感じるのか」

あるいは、社会の現実感は何によって構成されているのか、という疑問を突きつけずにはいません。できごとは淡々と報道されて終わり、それが私たちの現実感をそのまま構成していく、という性質を持たないのです。身近にできごとを経験した友人がいなくても、情報源がマスメディアしかなくても、私たちはこのできごとを口にし、日常の語りの中で納得していくかに見えます。

私たちが日常の生活の中で感じるこうしたリアリティのことを、本章の冒頭で言及した

ように、「社会的現実」（social reality）と呼びます。本書はこうした社会的現実の成立を探るためのものです。

さて、９１１事件のその後、アメリカはジョージ・W・ブッシュ大統領が積極的に動いて、事件の延長上にアフガニスタンへの侵攻、さらにイラク戦争開戦を位置づけました。事件をテロリストを支援する国家、それと同列と見なされるイラクという国家を打破する好機と見なしたのでした。こうした「ブッシュの戦争」に批判的であっても支持的であっても、アメリカ人や私を含めた日本人の多くが持つ９１１事件の心象は大きく異ならず、あれはテロ行為だったという点で社会的現実は重なっていることでしょう。

ところが世界の中には、テロ行為だという社会的現実を持たない人も多数いるのです。イスラム圏のある国々では９１１が聖戦だったと見なされ、アメリカには神の鉄槌が下ったと見なしています。世界の解釈が違い、社会的現実も異なるのです。世界史の中ではこうしたことは無数に起きてきました。二〇世紀の歴史の中でも東西の冷戦の対立はそうした異なる解釈を引き出す大きな対立でした。

●「311」

社会的現実のありさまを考えるため、第二の例として「311」の東日本大震災とそれに続いた原子力発電所の事故を思い出しましょう。言うまでもなく、二〇一一年三月一一日午後に発生した巨大地震によって、東北地方や関東地方の沿岸部に壊滅的な津波が襲い、二万人近い死者・行方不明者を出したあの地震であり、またその津波を受けて福島第一原子力発電所が全電源喪失、制御不能となりメルトダウンと水素爆発を起こして大量の放射性物質を広範囲に拡散、長期的な大量の避難者を含め、幾多の直接的・間接的被害を及ぼした、あの事故です。このできごとは世界を揺るがせました。日本人にとって想像を絶するできごとであっただけでなく、世界の多くの国で驚きを持って受け止められました。

ところが、このできごとは、日本全体が共有する未曾有の社会的な危機であり喪失体験だったにもかかわらず、体験された社会的現実は日本人の中ですら必ずしも一様ではありませんでした。原子力発電所の事故が私たちの世界の社会的現実をとても難しくしました（図2）。

地震や津波の悲劇の様相、日本人としての経験、互いに語り尽くさざるを得なかった悲

図２　事故の連続する福島第一原子力発電所（左から４，３，２，１号機）
（写真提供：共同通信社）

しみ、しかしそれを協力し合い、耐えて明日に立ち向かう姿勢、そうした災害の核の部分は広く共有されていることでしょう。外国からもアメリカの「トモダチ」作戦による人的な援助、台湾からの巨額の義援金を含め多大な支援があったことはいつまでも記憶されることでしょう。私たちの被災経験の社会的現実に希望の灯がともる部分があるとしたら、未来の日本のための社会的現実があるとしたら、それはここにあります。

しかし原子力発電所事故についての社会的現実は、分断された二つの社会的現実がある、あるいは社会的現実を確定しきれない、と言わざるを得ません。

事態はやや複雑です。自らの社会的現実の明確な人々もいます。脱原発派の人々はこれに近いかもしれません。フクシマの事故は氷山の一角にすぎない。日本の原発政策は間違ってきた。高いリスクを隠蔽し続け、その結果として「フクシマ」の事故が起きた。これは想定外の事故ではなくて、リスクを過小視し、対応を怠ってきたがゆえの事故である。同じ方針を続けていては悲劇は再来する。この社会的現実の上に立つ人は、脱原発にエネルギー政策の舵を切り、それを可能にするために、政府や科学者の隠蔽やこじつけを徹底的に明らかにすべきである、と考えます。事故の巨大さに対してわずかでも保留する発言をする研究者を「御用学者」と片付けてしまったこともありました。彼らの確信は強い。

一方、エネルギー政策の視点から考えて原子力発電所はまだ日本に必要なのではないか、と支持感を持つ人々がいますが、こちらは確信派と呼ぶにはいささか弱すぎるようです。彼らのすべてが原子力発電の利害関係者だ、だから確信派だ、とも言えません。事故が想定外だったとはウソだと指弾され、社会的にも政府の立場からも公的とされてきたリスク評価が事故で覆された恥辱、どこまでのリスクを許容可能とみるかについての社会的合意の欠如、長期的な放射能汚染に対するリスク評価そのものの困難さ、こうしたことから彼らの多くの社会的現実は揺らいでいます。事故後九カ月経って日本政府は福島第一原子力発電所の冷却停止宣言をしましたが、これにも多くの批判が寄せられました。この時点で、炉心燃料棒の状態が確認できずリスクが不明だとして、法定の保険契約すら保険会社側が更新をためらう事態にまでなりました。

つまり、社会的現実の基礎の一部である、科学に対する信頼、あるいは行政や政府に対する信頼の基礎が確固としていないのです。その背後には、事故のリスクについて特定の仮定の上に築き上げてきた原子力発電の「安全」システムが崩壊、科学技術をどのように社会的に制御していけるかといった根本の点まで含めて、事故後の展望が不確実なままに留まり、これらが長期にわたって、しかも実害つきで先の見通しが長らく見えないという現状があります。放射線による被曝の問題でも、それが低量だとしてさえ何をもたらすか論争があります。こうして弱い確信派は、脱原発派の社会的現実を肯定せず、これに対立しつつも、先が見えない状態にとどめられたままです。

脱原発派も、よって立つものが不確実であることに違いはありません。「どうせ確かなことは伝えてくれない」「何か隠しているのではないか」といったメディアや政府に頼ることができない一方で、何が確かか、これに確信があるわけではない。インターネット上にも多々情報はあげられていますが、そのどれを根拠に現状を、あるいは未来を把握したらよいのか、確かではないのです。

ここには、どの立場に立つにせよ、社会的現実の安らかさ、言い換えれば大地は強い、といったような確信を取り戻すことのできない世界があります。そして、そのことが脱原発派と支持派のみならず、市民と政府、フクシマのコミュニティとフクシマの汚染が及ぶのを恐れる遠方のコミュニティ、といったように多方面に意識の分断をもたらしているのです。

問題は、当然ながら、そうした社会的現実の弱さの上で、にもかかわらず、私たちは未来への決断を迫られることです。脱原発に舵を切るのか原子力発電所の温存を選ぶのか、私たちが自分たちで意思決定として決断してどちらの未来を選ぶのか、が待ったなしに問われているのです。

長くなりました。9 1 1や3 1 1が引き起こした社会的現実の分断、社会的現実の不確定性を正面から語り得るためには、まずは私たちを取り巻く日常のリアリティ世界の構成に目を配り、全体を構成する必要があります。そこでもう少し社会的現実の定義を掘り下げてみましょう。

●社会的現実とは

社会的現実のオリジナルの定義は古く、レオン・フェスティンガーの二〇世紀半ばの論文（フェスティンガー 一九五〇）にまで遡ります。

フェスティンガーは集団の社会心理学の文脈の中でこう考えています。自分の意見や能力の社会的現実感の追求が、集団の中で「他者と比べる自分」を生み出す。そして、自分の意見は正しいのか、自分はどれほどの能力を持っているのか、その判断は「社会的現実」の中で、つまり他人と比べてどうか、という点に基づくのだ、と主張します。さらに、客観的な基準がないほど、比較する他者によって自分を判断することになりがちだと理論化し、他者との比較についての一連の命題を提唱します（フェスティンガー 一九五四）。その後に、この命題に基づいた幾百の研究が展開されていきます。その意味ではインパクトのある提起でした。

ですが、本書ではそうした社会的比較の視点で社会的現実を検討するのは狭い、と考えています。個人が集団の中で自分の立ち位置を知ろうとするための「社会的現実」であれば、そうした比較の観点は意味を持つでしょう。あくまで自分という個人を単位にした、小さな現実の姿であればそうなのです。自分の成績をどう判断すればいいのか、自分の意見は人とかけ離れていないのか、そういう他者との相対的な位置に関する現実感にそれは当てはまります。

一方、911や311の現実感は、そのようなものではありません。それは個々人の比較で自分を知るための現実感ではなく、社会の成り立ちそのものを支える現実感だからです。個人が「共同主観的」に他者と意見を共有して、これこそ「現実」（リアリティ）そのものだと確信を持てるような現実感なのです。個人を超えた、より集合的な「現実感」がそこにあります。それだからこそ、911の現実感も311の現実感も人々の現実の根底をゆさぶる危険さえ根元に持っているのです。共同主観が共有できるかどうかによって差が生じるのです。本書が焦点を当てるのは、こうした集合的な現実感のことです。集合的な現実感こそが社会の存立基盤であり、その上で社会的な意思決定が進められるのです。

もう少し説明しましょう。911の事件で世界貿易センタービルが崩壊したことに対して、「やっぱり仕業は（イスラム過激派の）アルカイーダか」という現実の解釈は、他者との比較で決まるわけではありません。この「やっぱり」感は自分と他者の優劣の比較ではなく、「やっぱり」に基づいて今後の判断を決めていく、という出発点となっているのです。つまり、この「やっぱり」で意味されているのは、「アルカイーダが犯人」とするのがもっともらしい、それを根拠に世界を判断するという点で、この社会的現実感からすべてが派生するという確信です。同じ現実感を感じる人々の中では「アルカイーダ説」が現実を判断していく根拠となり、時にそれは彼らに対する戦争を支持する意思決定へと進む論拠にまでなるのです。ここでは他者という存在は、自分と「やっぱり」感が一致し、この他者に「支えられる」ことによって判断の基準に安定して自信を持てる、それに基づいて行動できる、という存在です。「あなたもこのこと、もちろん信じていますよね」という感覚であり、自分についての判断だけでなく、社会的な「当たり前さ」についての判断につながります。

３１１の悲劇では、津波や地震の被害の解釈に社会を揺るがすほどのブレはなく、とくに直後の時期にはおおむね一つの解釈を生み出していました。事件を悲劇としてどう意味づけるか、私たちはどう立ち直りたいか、という社会的現実です。ところが、津波が引き起こした原子力発電所の事故への対応では対立する社会的現実が存在するため、それが世界を分断する芽ともなりかねません。９１１を国際的な視野で見ると対立の様相が見えてくるのと同じです。「当たり前さ」の対立は何をもたらすのでしょうか。

いずれにせよ、本書は人々が共有する判断の基準としての社会的現実感に注目します。そこでは社会的現実が「人が社会的判断・行動を行う際の基準点となり、社会や集団・できごとの実在性を判断する基盤として機能する。そしてそれは未来への意思決定を大きく制約する」と言えるでしょう。社会的現実がそのような基盤となり得るのは、それが（ある範囲の人々の中で）社会的に共有されていることを人々が「仮定」しているからです。つまりフェスティンガーは他者との「差異」の中に自分の判断の社会的現実を求めましたが、本書では他者との社会的「共有」の中に社会的現実の根拠があるのです。

●社会的現実論の展開

さて、どうして社会的現実感が社会の成り立ちそのものまでを支えている、とまで言い切ってしまうことができるのか、以下の各章を検討することでそれを徐々に明らかにしていこうと思います。

まず第2章では、社会的現実を支える制度的背景について、また、社会的現実の全体的な「枠組み」について、お話ししたいと思います。章の前半では311で生じた三つの想定外のできごとに焦点を当て、社会的制度が「想定」された現実感の礎となっていることを論じ、次いで制度の持つ強制力を示した著名な研究にふれます。これをうけた章の後半では、社会的現実の全体的枠組みは三つの社会的現実の基層によって支えられていると指摘します。大きな制度と小さな制度の二つの層、そして人々が持っている信念の層が三層になっています。この三層の組合せが、私たちの社会的現実を確固としたものにすると同時に、各層のズレや欠如が私たちを苦しめます。一方で、このズレや欠如を社会的問題の兆候として見出す力も私たちは持っています。そのことで私たちは自らの意思決定を再吟味したり、失敗に気づくことにもつなげているのです。

第3章では、人々の信念の層を探ります。ここでは社会的現実を支える人間の認知的なメカニズムについて語るのです。パニックの話から説き起こし、とくに「しろうと理論」の役割を強調します。そして「科学」と「しろうと理論」の関連性に議論を進め、ハイテクノロジーのもたらすブラックボックス問題にふれます。科学というブラックボックスを動かすプロフェッショナルや専門家を私たちは十分に信頼できるか、という問題がここに潜んでいます。

第4章では、第3章で論じたブラックボックス化と信頼の議論を受け、信頼とは何かを検討します。人に対する信頼は社会的現実第二層の小さな制度である対人的レベルのリアリティを支え、また制度に対する信頼は社会的現実第一層の大きな制度レベルのリアリティの基礎になります。ここで制度というのは、政府や国家という仕組みのような社会の骨格をなすルールや規則や罰、また科学や教育、あるいはマスメディアのような基本的な情報・知識のプールを作り出す組織的・社会的な仕組みを指します。そして、人への信頼も制度への信頼も、社会的現実の共有を伴なうことなしにはあり得ないことを強調します。議論は最後に、インフォームドコンセントや価値の共有と社会的現実の関連性に及びます。

続く第5章では、本章前半で垣間見た、分断された社会的現実のテーマに戻ってきます。社会的現実において、制度が支え、信念に基づき、対人的な信頼に依拠するという三層構造があるにしても、異なる社会的現実間の対立はどう解消できるのか、先は見えません。第5章ではこのことに対し、「異質な他者」との間で私たちがいかに社会を築き上げていけるのか、検討していきます。これは非常に重要なテーマであるにもかかわらず、社会心理学からの探求は不足していました。議論は低信頼世界であるインターネットが互酬性に支えられている点から出発し、異質な他者の遍在性を指摘した上で、異質さがぶつかる集団やネットワークの中での議論の過程、その帰結、またそのぶつかりの場における文化的要因のインパクト、集団内の意見一致追求圧力と逸脱者の持つ力について、順次検討し、最後にコンセンサス形成の社会的手法にふれます。

続く第6章では、情報流通の根幹となるマスメディアと、マスメディアのライバルとなるまでに成長したインターネットが、どんな形で社会的現実を流通させているのか、それが私たちにとっていかなる意味を持つのか、社会全体の社会的現実感の形成にどう作用しているのか、これを検討することとします。マスメディアはソーシャル・ネットワークと同様の情報流通の基盤であると同時に、制度的なリアリティ、つまり大きな制度の層の基盤でもあります。インターネットは多様な形をとるため、大きな制度に近い役割を果たすこともあれば、ソーシャルなメディアとして対人的なレベルという小さな制度として機能することもあります。

第7章はまとめをした上で課題を提案します。ここまで論じることで、本書は社会的現実を成立させるもの、崩壊させるもの、その回復が可能か、を多角的に考察することになります。全体を通貫するのは、個人にとっても社会にとっても社会的現実が与えられるものではなく、意思決定であり選択である、というまなざしです。選択であるということは、私たちは社会を果たしてエンジニアリングできるのか、という応用的な課題が存在することを示しています。この課題にふれることをエンディングテーマにしたいと思います。

2・「信じられないけれど、本当？」――社会的現実の基盤としての制度

私たちの判断の基準としての社会的現実こそが、現実のできごとに対する感覚として重要だと、前章は締めくくりました。その判断を支える社会的な仕組みについて、本章ではまずふれていきます。

最初に、東日本大震災と被害想定という問題を通して、現実感の難しさにふれ、第二に歴史的に名高い社会心理学の実験を紹介することで、同様の問題の一般性を説いていきます。第三に、社会的現実の全体を支える三つの層を提示します。その層とは、科学を含めた社会全体にまたがる大きな社会的制度、自分の身近な生活環境である対人的なコミュニケーションや習慣がもたらす小さな制度、そして人々が頭の中に認識の枠組みとして持っている社会的な信念から成る三層です。これらを順番に例をあげながら説明していきましょう。

●制度が現実の枠組みを作る

東日本大震災の後、大津波の衝撃にも原発の事故にも「想定外」という言葉がほんとうによく使われました。千年に一度の大津波に備えた港湾設備ではなかった、という意味で想定外。複数の原子炉がすべて緊急停止、その上で非常電源設備が全喪失するなど、緊急事態の対策としてさえ想定してこなかった事態が発生。これも想定外。というように。

しかし、これらはすべて実際に起きてしまったことでした。

自然界で発生するリスクを有効に制御するために社会は「起き得ること」「あり得ること」を想定し、対処の手段を整えます。それは限られた資源や資本を適切に使うための実際的な対処法であり、そのこと自体を根本から変えることは難しい。東日本大震災後も「想定」の範囲を大きく拡大することはあれ、想定すること自体をやめることはできません。どこまで対策を講じても「ゼロリスク」にはなりません。もちろんリスクをゼロに近づけようとする努力は必要ですが、ゼロに近づけようとするほど費用対効果は急速に上昇します。この二点を考えると、どこかで想定の線引きをして、その中であり得る事態に備える、ということが不可避です。想定したからダメだったということではないのです。

むしろ、「想定」の持つ問題は、想定がすべての行動の前提条件になり、その前提が適切なものかどうかを人々が問うたり、疑ったり、再検討したりしなくなることです。そして、さらにこの前提が、いつしか社会的現実の盤石な基礎と化してしまうことです。このことを、東日本大震災に起きた三つの悲劇を取り上げながら、詳しく説明してみましょう。

三つの想定外

一つめは、岩手県宮古市田老地区の防潮堤の悲劇です。この防潮堤は以前からたいへんによく知られており、「田老万里の長城」とさえ呼ばれていたものです。地区の海岸線にXの形で二重となった高さ一〇メートル、長さ二・四キロもの規模があるこの防潮堤は、津波に対する主たる備えとして人々の暮らしに安心感をもたらしていました。「津波田老」とさえ呼ばれた、過去の明治二九年と昭和八年の破壊的な被害の再来を避けようと、半世紀もの長さをかけて構築されたものだったのです。しかし、東日本大震災の津波は防潮堤に倍する高さで襲いかかり、この地だけで二〇〇人近い死者・行方不明者を出す被害をもたらしました(図3)。田老地区では、過去の痛ましい経験が永く語りつがれ、避難道路も防災無線も整備され、避難訓練もなされていたのですが、防潮堤に頼るあまり多くの人々が避難を最優先にしそびれたと悔やむ声が聞こえます。

図3　津波が乗り越えた田老地区の防潮堤（写真提供：共同通信社）

しかし過去の記録をつぶさに見ると、この防潮堤で津波を全部防ぎきれるとは考えていなかった人がいることは明白です。田老町教育委員会『防災の町』（一九七一）によれば、防潮堤の高さは予想される津波の高さに合わせて作られたのではなく、最終的に経済的な理由により予定よりも縮小して建設されていたのです。それでもきわめて大変な事業であったものの、悔やまれることに「想定」以下の防潮堤の高さが安全の「前提」になっていたことに多くの人が気づいていなかったのです。

二つめの例は、ハザードマップの功罪です。東日本大震災による人的被害の分布を検討した群馬大学の片田敏孝教授は、津波の死者が「津波ハザードマップ」に示された危険区域のすぐ外側に広がっている、という痛切な事実を指摘しています。ハザードマップとは、過去の津波の事例などに基づく被害予測から、「次の災害時」に被害が生じる可能性の高い範囲を地図で示し、さらに避難場所や道路などの情報を示した地図のことです（注1）。

被害の大きかった大槌町や釜石市の例ではハザードマップの内側で亡くなった方は少なく、確かにハザードマップが役立っています。ところが、津波のリスクが低いとされる地点、つまりハザードマップの外側で多くの人々が津波に飲まれて亡くなっているのです。想定外の地点で津波に命を奪われており、釜石市では死者・行方不明者の六五％までもがそれに当てはまるのでした。

一方、片田が長らく手がけてきた防災教育はハザードマップに頼る防災ではなく、いかに個々の災害事態に対処するかという「気づく」スキルの醸成でした。この教育を受けた子どもたちはハザードマップの外に置かれていた避難所に到達しても、さらに高所に逃げ

（注1）釜石市の震災当時の津波浸水予測図（http://www.city.kamaishi.iwate.jp/index.cfm/6,16801,c,html/16801/tsunami.pdf）ではこう記載されていました。

るべきことに気づき、おかげで釜石市の九九・八%の児童・生徒が生き延びたのでした。片田の防災教育は、「科学的成果に基づいた津波の巨大な防潮堤があるのに避難訓練を強調することの違和感」(片田講演「釜石市における津波防災に関する社会技術の実践」:第八回社会技術研究シンポジウム「福島第一原子力発電所事故と社会技術」二〇一二年一月二八日)を克服させるものだったのです。

三つめの例は、同じ津波が引き起こした福島第一原子力発電所の事故です。

原子力発電所の運転員は日頃から実際の運転の時間以外に、非常事態に備えた運転シミュレーションによる訓練を積んでいます。しかしながら、福島原子力発電所の事故ではそれが何の役にも立ちませんでした。シミュレーション訓練はあらゆる危機を想定していたはずですが、それは実際に起こってしまったできごととまったく乖離していたのです。

今回必要だった非常用復水器を用いた緊急冷却という作業は、シミュレーションの訓練対象外でした。それどころか、発電所の運転員たちは、緊急事態下で情報把握に手間取ることさえ想定せずに、訓練を行っていたのです(政府事故調中間報告二〇一一、一八六頁)。「想定外」に対応し得ることこそ根源的なリスク管理であり、災害を小さくする、つまり減災する可能性を高めるはずですが、なされてきたのは限定された「想定内」の危機対応訓練でしかなかったようです。

想定内で事故が起きてしまったとき、それに対して着実に対処できるのであれば、原子力発電所の運転に対してかえって安心感をもたらすかもしれません。訓練しておいてよかった、と訓練の効用が感じられるでしょう。しかしその想定に安住し、これで大丈夫だと安心してしまったらどうでしょうか。「想定外」の検討の可能性すら科学的予測の成果を冒涜するかにとらえ、「万が一」を口にすれば「縁起でもない」と遮る、そうした風向きが原子力発電所の事業会社にも関連自治体にも存在していたようです。想定外でも可能性を考えてみる慎重さを抑圧したのです。それが原子力発電所の「安全神話」の一部だったと言わざるを得ません。

内閣府政府広報室の調査（二〇〇九：http://www8.cao.go.jp/survey/tokubetu/h21/h21-genshi.pdf）をみると、二〇〇五年から九年にかけて日本の原子力発電所は安全という意見がおよそ二五％から四二％に伸びています。その背景に「日本の原子力発電所は安全だから」「十分な運転実績があるから」という意見が増えていることが見て取れます。過去の数々の原子力発電所事故にもかかわらず、日本ではメルトダウンのような大事故は起きないという神話が、長い時間をかけて「想定内」の仮定の上に醸成されてきたのでした。

想定のもたらすリアリティ

これらのできごとが共通して示しているのは、制度や仕組みが示す「想定」に頼って、私たちは安心してしまうという構図です。そして一度その安心が崩れたとき、私たちは呆然となすすべもなく立ち尽くしてしまいます。もちろん津波でも原子力発電所でも、想定の危うさに以前から警鐘を鳴らしてきた人々はいました。しかし大多数の人々に見えていたのは、科学の名の下に構築されてきた現実の見かけ上の確からしさ、つまり安全らしさのほうでしょう。私たちは科学が「ここまで安全」「こうしておけば安全」としてきたものの上で、安全である「かのように」信頼して生活してきたのです。しかし振り返ってみると、そこでの安全の想定は、経済的妥協の上に成り立っていたり（田老の堤防）、過去の事例の目安であったり（ハザードマップ）、あるいは想定ケースの限定であったり（原子力発電所では津波による事故発生は想定されていなかった）、そうしたものの上に作り出されてきたものだったのです。

では、こうした基準の立てられ方の「甘さ」を追及すれば、すべてが解決するのでしょうか。確かにそういう側面はあるでしょう。ハザードマップの見直し、想定事故の厳格化・網羅化など当然なされるべきものでしょう。また虚心坦懐に「想定外」で不測のリスク事態に対する多重な対応計画（contingency plan）を考えることもフェイルセイフとして有効です。フェイルセイフとは、一度対応に失敗（フェイル）しても、さらに対応策があって安全（セイフ）が確保できるような多段階の対応方法です。

しかし、もう一つ根源的に理解しておきたいのは、私たちが何を基礎にして現実を理解し、行動を組み立てているか、です。つまり、社会的現実感という問題です。私たちはお墨付きや認定を与えられると、それが制度的に保証されたものだと受け止め、それを疑うことをやめてしまいがちです。こうしてお墨付きや認定が社会的現実そのものになってしまうのです。言い換えれば、制度が解釈を固定すると、人はそれをデフォルトとして、つまり動かさない既定のものごととして扱ってしまい、それに反する自由な解釈が難しくなるのです。片田の防災教育がさまざまな抵抗に遭ったのもその現れです。それはリアリティという観点からは、科学によるお墨付きや公的な危険地域の認定といったものが社会的現実の土台となって機能することを意味しています。別の言い方をすれば、科学というのは一つの制度的な枠組みで、この枠組みが社会的現実の重要な部分を支えているのです。

なぜそのようなことになるのか。一つは、心理的・時間的・能力的なコストの問題です。制度を信頼することで、私たちはそうしたコストを縮減しているのです。疑ったり、チェックしたり、再検討するコストが減ると、私たちは快適に生活できます。心理学では、経済学と同様、コストは重要な問題としてさまざまな心理過程で浮かび上がります。人間のことを「認知的吝嗇《りんしょく》」と呼ぶ人間観もその一つで、心理的に、情報処理的に、コストを落とそうとする姿はごく一般的なものです。

想定をデフォルト化してしまうもう一つの理由は、そうした形での制度への信頼が人間の心のメカニズムの一部として根づいているからです。もちろん、自分の信念や周囲の人々の了解が現実感を裏付けることもあります。ですが同時に、制度的な枠組みもまた私たちの現実感とそれに基づく行動を基礎づけ、それを疑ったり、反逆の矛を向けたりすることを難しくしているのです。科学という制度に対する信頼は、「想定」されたことのリアリティとそれに対する対応策の確からしさに根ざしています。「想定外」のできごとが出現し、それに対する対応策の無策が表面化することで打ち崩されてしまうのは見てきた通りですが、逆に言えば、想定と対策が盤石でさえあれば、制度の持つ社会的現実は覆らない、信頼される、信じられるのです。多くの場合、それが日常です。想定外のリスクの代償について考えずにスルーできることになります。こうして制度的な「真実」（リアリティ）の中で私たちは制度の枠組みに基づいた指示に疑いもせず従うことになりがちです。仮にそれが私たちの価値観に大きく反するような場合であっても、です。次節では、このことを見ていきましょう。

●ミルグラムの服従実験――制度の「強制力」

制度的な仕組みの中で、人はどこまでその仕組みを当たり前として受け止め、それにのっとった行動をするのでしょうか。このことを浮き彫りにした歴史的に名高い社会心理学の実験があります。それはスタンリー・ミルグラムによるもので、「権威への服従」の恐ろしさを白日に晒したものとして、アイヒマン実験とも呼ばれています(ミルグラム 一九七五)。災害とは無縁の話のようですが、制度がもたらすものは何か、それを明らかにする点では本質は同一のお話です。

学習の実験と言いながら

実験は、新聞で募集したごく一般の実験参加者に、心理学の学習実験を頼むところから始まります。対連合学習実験と言われるものです。「青い―箱」「よい―日」「野生の―鴨」というようなペアのつながり(対連合)を学習するのです。たとえば、「青い」と連合していたのは、次のどれでしょう。

「空」「インク」「箱」「ランプ」

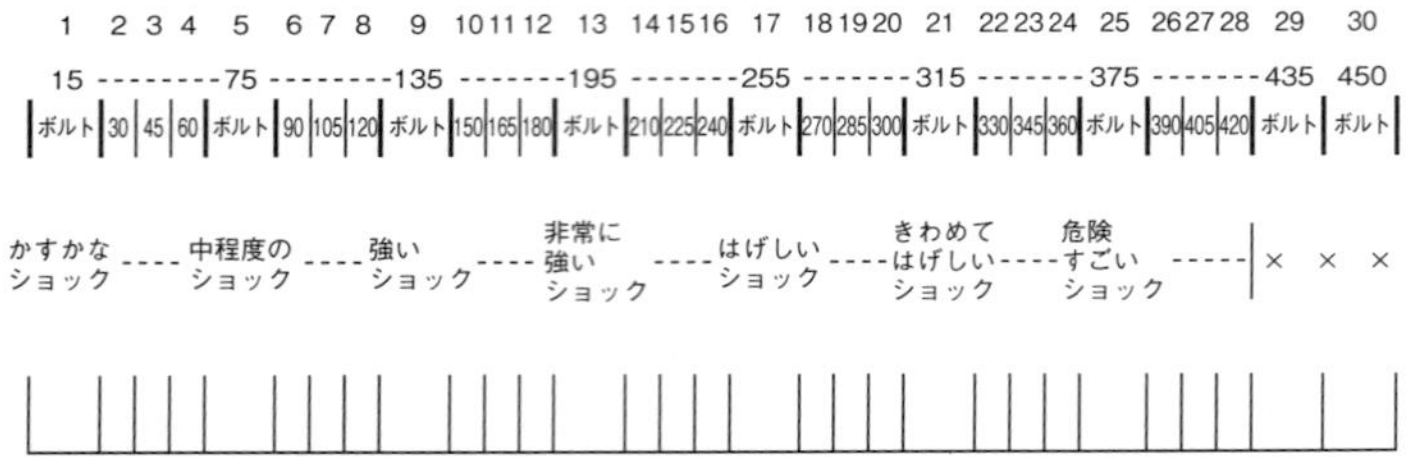

図４　ショック送電器の前面の図解（ミルグラム，1975）

答えは「箱」です。

学習には、報酬によるものと罰によるものがある、とミルグラムは教示し、今回は罰による学習の効果を測定させていただく、と説明します。実験参加者は「生徒」と罰を与える係の「教師」に分かれますが、生徒はいつもサクラ（実験者の共謀者）になるように仕組まれます。つまり、真の実験参加者はいつも「教師」です。

実験が始まる前に、「教師」は罰として与える電撃ショックの強さを確かめさせられます。四五ボルトのサンプル・ショックを手首に受けるのです。これで本当に電気が通っていること、そして四五ボルトでどれだけのショックがあるか、を確認させられます。

さて、「教師」は実験を始めますが、実験者の教示通り、「生徒」が間違った答えを出すたびに電撃ショックを与え、一つ間違うごとにショックのレベルを上げていき、またそのたびに電圧を読み上げなくてはなりません。

実験が始まると、「生徒」は「学習」にまったく向いていないことがわかります。彼は頻繁に間違うので、「教師」は実験者の指示に従ういわば「中間管理職」として図4のように四五〇ボルトまである電圧をどんどん上昇させていかざるを得ません。

あらかじめ指示された通り、「生徒」のサクラは次のように振る舞います。

一二〇V：ショックが苦痛になりはじめたと大声で言う。

一三五V：苦しいうめき声を出す。

一五〇V：絶叫する（もういやだ！）。

一八〇V：痛くてたまらない！！

二七〇V：苦悶のかな切り声。

三〇〇V：絶望。壁をどんどんたたく。

三三〇V以上：反応なし。

サクラの演技は非常にリアルなものでした。

一八種も行われた実験条件の中で典型的な最初の四条件を見ましょう。

実験1【遠隔条件】：隣室に「生徒」が座り、彼の回答はランプ点灯によってわかる。この条件では、「生徒」に不平があっても聞こえてこない。三〇〇ボルトになると、「生徒」がいやがって壁をどんどんたたくため、はじめて「教師」は抗議されていることがわかる。

実験2【発声条件】：「生徒」は隣室にいるが、抗議の声がはっきり響く。

実験3【近接条件】：同じ部屋に二、三フィート離れて「生徒」が座る。

実験4【接触条件】：一五〇ボルト以上のショックを受けさせるためには、「生徒」の身体に触れて従わせる必要が生じる。

はたして「教師」は何ボルトまで「生徒」に電撃を与えて、指示通りに「学習実験」を遂行したでしょうか。

驚くべきことに、非常に高い割合で、「危険・すごいショック」と表示してある三七五ボルトをはるかに超える四五〇ボルトもの電流を「流した」ほど忠実に役割を果たしました（表1）。遠隔条件のような「生徒の苦しみ」がよくわからない条件では、六五％（四〇人中二六人）が四五〇ボルトまでショックを与え続けましたし、抗議の声がはっきり届くというのに、発声条件でもその率はほとんど変化しませんでした。ショックを与え続け

表1　実験1，2，3，4において送られたショックの最大値
（ミルグラム，1975）

ショック水準	言語表示 電圧表示	実験1 遠隔 (40人)	実験2 発声 (40人)	実験3 近接 (40人)	実験4 接触 (40人)
	かすかなショック				
1	15				
2	30				
3	45				
4	60				
	中程度のショック				
5	75				
6	90				
7	105			1	
8	120				
	強いショック				
9	135		1		1
10	150		5	10	16
11	165		1		
12	180		1	2	3
	非常に強いショック				
13	195				
14	210				1
15	225			1	1
16	240				
	はげしいショック				
17	255				1
18	270			1	
19	285		1		1
20	300	5*	1	5	1
	きわめてはげしいショック				
21	315	4	3	3	2
22	330	2			
23	345	1	1		1
24	360	1	1		
	危険・すごいショック				
25	375	1		1	
26	390				
27	405				
28	420				
	×××				
29	435				
30	450	26	25	16	12
最大ショック水準の平均		27.0	24.53	20.80	17.88
服従した実験参加者のパーセント		65.0%	62.5%	40.0%	30.0%

＊　この数字は，実験1において，5人の実験参加者が最高300ボルトのショックを送ったことを示している。

るのを止める人が低い電圧で比較的多かったというにすぎません。さすがに、近接条件や接触条件になると率はがくんと落ちますが、それでもそれぞれ四〇％、三〇％もの人が、「生徒の苦しみ」を目の当たりにしながらも、最大の四五〇ボルトまで電撃を与え続けたのでした。

このショッキングな実験は大きな反響を呼びました。「教師」である実験参加者は「上司」の実験者の指示を守っただけで、それは社会の中での「中間管理職」的な役割のしがなさと結びついているという解釈もありました。

役割の遂行は義務で抵抗できず、自分の役割遂行の責任は上司にある、つまり、第二次世界大戦時にユダヤ人を直接に毒ガス室送りした自分には罪はない、と弁じたナチス・ドイツのアイヒマンの主張そっくりだと、多くの人にショックを与えもしました(注2)。数カ国でその後二十弱の追試実験がなされたものの、参加者を倫理的に傷つける実験になりかねないと、一九七〇年代以後は追試も途絶えました。

ところが驚くことに、二〇〇九年になってアメリカ心理学会の月刊誌「アメリカン・サイコロジスト」に新たな追試が報告されたのです。新しい実験は、実験参加者の福利に配慮がなされ、刺激の強度も一五〇ボルトを上限とすることで倫理的に問題とされていた条件をクリアして実施されました（バーガー 二〇〇九）。

この追試の結果は、しかし、ミルグラムの実験結果と大きく違いませんでした。しかもミルグラムの実験では参加者は男性がほとんどでしたが、今回は女性も多く参加していました。時代を越え、性差を越え、結果の一般性の高さが実証されたのです。

実験手続きの構造

実験の結果はさまざまに解釈されましたが、本章にとって重要なポイントは「科学的手続き」の正当性・信頼性という問題です。

ブラス（一九九一）は、ミルグラムの実験の解釈をより厳密に検討し直す必要性を強調しましたが、その議論の流れの中で、「科学的実験だから危険なことなど起こるはずがない」という実験への信頼度の高い人が、高い電圧まで流す傾向を持っていた、という結果を指摘しています。

つまり、科学によりかかれる、それを信じて頼れるという制度的な枠組みの重要性、制度が行動の正当性を付与してしまっていること、が指摘できるわけです。科学を信じることで、「教師」は「生徒」が「傷つく」可能性に十分な社会的現実を感じなくなるのではないでしょうか。

（注2）アイヒマンは第二次世界大戦終了後、逃亡し、一九六〇年にアルゼンチンで身柄確保、イスラエルに移送され裁判で死刑となりましたが、こう論じたのです。ミルグラムもこれを知り、この実験にたどり着いたのです。

ないか、ということです。言い方を変えれば、社会的現実の制度的側面が、こうした危険性の高い行動を背後から支えているのです。津波のハザードマップの外で、人々が逃げなくてよいと思い込んでしまったのと同じ論理ではないでしょうか。

同様に、ナチス時代の本物のアイヒマンの行動も、制度のもたらす社会的現実にもたれかかってその前提や内実を問うことをしなかったと推測することも可能でしょう(注3)。さらに、アイヒマンと同じような「(中間管理職の)立場の要請」で危険な行動が要請されたとき、制度的な正当性によりかかって、多くの人がそれに逆らうことなく、従ってしまうという可能性までがほの見えてきます。

哲学者のハンナ・アーレント(一九六三)がアイヒマンの裁判を精緻に分析して、彼の行動に"banality of evil"(悪の平凡さ)を見出しているのは、まさにこうした危険性が世に充ち満ちていることを示唆しています。

では、人はいつでも制度に抵抗できないのか、といえば、そうではありません。ミルグラムの実験一七では「二人の仲間が反逆する」条件を設定していたのですが、ここでは結果は異なったのです。「教師役」はこの条件では真の実験参加者だけでなく三人で構成され、そのうち二人は「サクラ」で、途中で実験の指示に従うのを拒否する演技をします。二するると、この条件では実験参加者の平均の服従率は一〇%まで大きく下がったのです。

人の反逆者が「制度の正当性」に疑問を挟んだことが結果を変えたのでした。

「信じられないけど、本当に起きた」

さて、この実験結果を一般の人や専門家に推測してもらったときに、もう一つ驚くべきことが起きました。四五〇ボルトまで流した人の率を、みな過度に低く推定したのです。一言で言えば、彼らにとっては実験の結果は「信じられない」結果だったのです。

なぜそこまで信じられないのか。その一つの解釈は、私たちが持っている通常の人間観とあまりにも違うので、この結果を予想するのが困難だ、というものです。つまり「一般の人間」はそんなに残酷ではないという社会的現実から外れているので、予想できないのだとする解釈です。多くの人が、実際に生じた結果を聞いてからも（実験は何度も繰り返され、結果には安定性がありました）、「そんな連中は『異常』なのだ」と自分自身の人間像を守ろうとしたり（防衛的帰属）、あるいは、状況の力がそんなに強いと信じようとしない（自律的な個人像という人間観に反する）など、実験の現実性を受け入れようとしな

（注3）もっとも単に自民族中心主義の論理で行為の残虐さを肯定したとも推測はできますが、アイヒマンが自己防衛した論理は「命令に従っただけ」という制度の正当化によるものでした。

いのでした。
こうしてミルグラム実験は、一方で制度への信頼ゆえに電撃ショックの社会的現実を感じとれない参加者がおり、他方に既有の「人間観」を失いたくないがためにこの実験結果の社会的現実を受け入れようとしない人々がいる、ということを明らかにしたのです。社会的現実がいかに複合的に成り立つのかが、恐ろしいほど浮かび上がってくる実験です。

●社会的現実を形成する力の重層性

大きな制度的枠組み

東日本大震災やミルグラムの実験で見てきたように、私たちの社会的現実には「科学」という制度的な枠組みに支えられているという側面があります。同じように制度的枠組みが社会的現実を支えるケースは、他にも多くあります。

第一に、学校で習ったことは基本的に信じてよいことでしょう。教師の教えることが信じられない場合、生徒は混乱します。それは教育の正当性は、教える内容の社会的現実性を保証しているという、生徒と教師の暗黙の合意があるからです。第二次世界大戦直後にＧＨＱの指導によって塗りつぶした教科書を見たことのある世代の人であれば、教育内容そのものに疑問を持つかもしれませんが、現代社会においてそれは稀なケースでしょう。大学の授業になると、「基本的に信じてよい」事実を教える部分と、「疑ってもよいから、ともかく自分の頭で考えてほしい」部分があって、両者の切り分けはなかなか難しいところかもしれません。多くの学生は授業とは前者に他ならないと仮定しているので、先生は本当じゃないことを教えているかもしれない、疑ってみようと言うと、混乱します。

第二に、公共のメディアや公式の情報も、それが社会的現実であるというお墨付きの元に流布されるものです。ニューヨーク世界貿易センタービルの事件の画面にＣＮＮのロゴがついていたから、信じられない画面ではあるけれども現実のできごとと受け止められた、というのはその一例です。こうした公式のものが信用できないと感ずると、人々はそれに対抗して流言を流布させることが遠い過去から知られています（シブタニ 一九六六）。現代の中国では新浪微博と呼ばれるツイッター（Twitter）類似の人気サービスがあります。ここでは、表だって報道されないできごとや事件の解釈があれこれ流布され、当局がそれを消去しようとしていたちごっこになるようです。また、ニュースキャスターとしてかつてならした筑紫哲也は、あるときテレビでアメリカのカーター大統領（当時）がＵＦＯと会見するという、エイプリルフール「報道」をしてしまったのですが（筑紫 一九八五）、そのときに引き起こされた猛烈な抗議の嵐には、公共の電波から流れ出てくる情報の社会的現実性を疑わせるようなことはしてほしくない、という人々の気持ちが表れていたようです。

こうした社会的現実を支えるいくつかの制度的な枠組みは、まとめて「大きな制度」としての社会的現実保証と呼べるでしょう。その一方で気づいてほしいのが、「小さな制度」とでも呼べるような社会的現実を形成し保証する仕掛けの存在です。

小さな制度の存在

それは社会的現実を形成する、人々の間の対人的コミュニケーションに基づく集合的なメカニズムです。

第1章で描いたように、世界貿易センタービルの崩壊を信ずるのにテレビだけでは不十分で、他者がそれを支えてくれ、悲劇を共有してくれるのを必要とした、というのがその例です。テレビを通して見た現実の姿は、対人コミュニケーションによって同調され、支えられていっただけでなく、皆がその崩壊の現実感にコミットし、その現実感を本気で信じることによって、さらに強固になります。

また、そうした他者の役割が慣習化してできあがった共有のステレオタイプもまた、社会的現実の基層を形作るものでしょう。たとえば、「西郷さん」のあの恰幅の良い、おおらかそうに見える姿は、「あの」と言えるほど社会的に浸透していますが、どうもあれは本当の姿ではないらしい、という指摘があります（藤竹　一九七五）。が、それは社会的にみんなが支えあい、共有してできあがり慣習化された西郷像であるため、その現実感を突き崩すことは「本物の西郷の写真」が出てきても容易ではないでしょう（注4）。同じことは、人魚姫の「足」についても言えます。ウォルト・ディズニーの人魚姫には足がなく、その部分はまったくのサカナですが、アンデルセンの故国、コペンハーゲンの人魚の像には足が二本あります。しかし、社会的現実として日本で受け入れられているのは、ディズニー版のほうでしょう。本家のほうが負けているわけです。

これらは、いずれも社会的現実を外側から支える、いわば外在的な力ですが、さらに、私たちには、ものごとの社会的現実を支える「内なる力」が働いています。

内在的な力に基づくリアリティ

制度的なものというよりは、人々の内的な感覚、換言すれば「人間」に対する常識が、その社会的現実感を支えていることがあります。たとえば、ミルグラムの実験結果を予想できなかった多

（注4）私は司馬遼太郎の『翔ぶが如く』の西郷像が「あの」西郷像の上に書かれたのかどうか興味津々ですが、それを知る手がかりを知りません。

数の人々を考えてみてください。これはその人の「人間」に対する社会的現実感を超えていたからこそ予想できなかった、とみなすことができるでしょう。もちろんそれは長い間に学び、他者によって肯定されてきたものに違いないのですが、制度的な支えが直接ないところでも機能するものとなっているのです。

このような「常識」まで含んだ、私たちの知識や信念一般のことを、社会心理学ではスキーマと呼びます（池田と村田 一九九一）。たとえば、人間スキーマは、人間一般についての属性的・因果的・規約的な知識や信念を指します。「ふつうの人間がそんなことをするはずがない」というのは、人間一般に関する属性的な信念です。それが常識である、つまりスキーマとして内在化され、しかも対人的にも支えられている、と確信できるとき、頭の中に定着した信念は社会的現実を形成する大きな力を持つのです。スキーマ的な信念は人間に関するものだけではありません。「地震がなくとも異常引き潮は津波と思え」という信念は、災害に対する言い伝えの文化としてスキーマ化したものでした。あるいは、「赤いネクタイをしめると勝負に負けることはない」という個人的なジンクスも、個人の持つスキーマであり、他者と共有しなくても成り立つ社会的現実でさえあります。ですが、他者にこれを話してしまうと、時に強く否定されることがあります。「そんなのはただの偶然だ」などと言われて、内在化された現実感にダメージを受けるのです。ジンクスは社会的現実としてはもろいものです。

社会的現実感を構成する内在的な力はこれだけではありません。複雑なことに、ものごとには一貫性という面から社会的現実感が生じてくる側面もあります。９１１での世界貿易センタービルの破壊も、ワシントンやペンシルバニアの類似の旅客機墜落が伝えられて、事故ではないらしいと一貫して見えたからこそ、テロの現実感は早期に形作られたのです。さらにその延長線上に、同じものごとを一つの視点から構成できることも社会的現実感を作り出します。９１１のテロも、イスラム教が支配的な国々の一部の視点から見るとまったく違って見え、時にジハード（聖戦）とさえ定義されるのも、その極端な例でしょう。異なる視点は対立する社会的現実を作り出すのです。

以上、社会的現実は複数の外在的、内在的な力によって支えられています。ここではこの力を社会的現実の三層として整理しておきます。表2にまとめておきますが、以下の章ではこうした社会的現実の成り立ちをより詳しく検討していきます。

リアリティと情報処理の軽減

社会的現実の三層を用いて人々がリアリティを構築するのは、人間の情報処理能力の制約と大いに関連して

表２　社会的現実の三層

第一層　大きな制度の力（外在的な力 1）
1. 科学的手続きの正当性
2. 教育の正当性
3. 公式の情報・公共のメディアの正当性
第二層　小さな制度の力（外在的な力 2）
4. 対人的コミュニケーションによる現実感の共有
5. 慣習化・常識化した現実感の共有
第三層　人々が持っている信念（内在的な力）
6. 信念の内容に基づいた理解

います。本章冒頭に述べた「制度が現実の枠組みを作る」の節で制度への信頼がコストを縮減すると論じましたが、それは大きな制度といった外在的な基準についてのみ当てはまるだけではありません。

できごとやものごとの「事実性」「正しさ」の根拠を問い詰めていくと、自分ですべて目撃して、情報を丁寧に熟考するなど、対応すべきことにきりがありません。こうしたことをいちいち疑っていては、私たちはまともに生活していけなくなります。

たとえば一九六九年に人類は初の月着陸を果たしたとされていますが、このときのアポロは本当に月に着陸しなかったのだという捏造説はよく知られています（有人火星着陸捏造のＳＦ映画『カプリコン・１』（一九七七）はこれを受けたものです）。さすがにアポロの月面着陸を疑うのはもはや難しいでしょう。今では月を周回する人工衛星からも着陸の痕跡が撮影できています。では、二〇〇九年に北朝鮮が「ミサイルではなくて衛星を打ち上げた」と報道しているのを私たちは疑問視しましたが、彼らの主張を疑う根拠は何でしょうか。この違いを正確に説明するには、かなりの時間的コストをかけなくてはなりません。しかし、とりたてて調べる労を執ることもなく、ほとんどの人の社会的現実感はアポロの着陸を事実、北朝鮮の衛星をそうでないと見ていることでしょう(注5)。

同様に、小さな制度の中でも私たちはコストを縮減させています。自分の親しい友人の発言を疑ったりしないのは、その一つの表れです。友人がふいに昨日、テレビで牙が曲がりすぎて顔面に突き刺さった珍獣の写真を見た(注6)と言ったり、この前のサークルのミーティングでのAさんの発言はウソだよね、などといった評価をしても、それをいちいち確かめたりせず、信じてしまうことが多いでしょう。それは彼／彼女を信頼しているから可能であり、そのことで私たちは確かめるための情報処理のコストを払わずにすんでいるのです。

（注5）二〇一二年末の「ミサイル」は衛星軌道に乗ったようです。
（注6）インドネシアに実在する珍獣バビルサのことです。

さらに、コストを十分に払わずとも、リアリティの基礎を構成するこれら三層がトリプル・チェックポイントになっていることに注意しておきましょう。三つの層で相互に矛盾がなければ、多くの場合、私たちは社会的現実を共有しているのだと考えてしまいます。ひどく矛盾しない限り、科学は信頼してよろしい、学校で教えられることはいちおう正しい、親友はおおむね信頼できる、一貫して見えるものはリアルなできごとであるはずだというロジックを日常的なできごと・ものごとの大半には当てはめているのです。そしてそれは私たちの情報処理の負荷を軽減させるのです。

逆に、当てはめてはならない場合にまで、私たちが過剰にこのロジックを当てはめてしまう問題が指摘できるでしょう。災害時に、自分が災害に巻き込まれそうになっていることをただちに認識するのが困難だという「日常性バイアス」（第3章参照）も、見かけ上一貫した日常の社会的現実の堅固さをよく示しています。日常の社会的現実を突き破るには、コストがかかる、ふだんの信頼を疑わなければいけない、快適な世界が歪んでしまうといった高いハードルがあるのです。

3・「日常的常識」と社会的現実

「常識」や「通念」——これらは私たちが日頃から頭の中に蓄積している信念で、それによって社会生活はスムーズに動きます。社会的現実に対する感覚を紡ぎ出す宝庫の蓄積といってよいかもしれません。こうして生み出された日常の感覚の上に私たちは生きています。

一つの例として、本章の前半では、パニックの二つの事例と異常事態の認識をめぐり、「日常性バイアス」の強力さを検討します。そしてパニックがその典型例である、しろうと理論について説明します。

また、本章の後半では現代テクノロジーと社会的現実の成り立ちを議論します。そこにはしろうと理論と科学のブラックボックス化の問題が隠されています。

●パニックの話

大震災でも起きなかったパニック

東日本大震災で、パニックは起きたでしょうか。

驚天動地のできごとの中で、被災して住民が慌てることはあったかもしれません。津波に襲われて大変だった、放射能の拡散状況がわからず困惑の中で避難した、ということも広く知られています。これを「パニック」と呼ぶべきでしょうか。パニックのイメージは、このような心理的に動揺し、動転するとか、慌てるという程度以上のものをもっています。巻き込まれた人々が理性をなくしたり非合理的に振る舞うもの、多くが集まる場であれば誰もが我がちに逃げ場を求めて互いにぶつかり合って災いを拡大するもの、というマイナスの印象が広く共有されています。そんなパニックのイメージに重なるまでの行動があったでしょうか。

現在、私たちが知っている東日本大震災のエピソードの中では、そうしたできごとは確認できません。むしろ、自分がすでに助かっているのに、愛する家族を助けに自宅に戻ったり、探しに行ったりして、ついには津波にさらわれて命を落とした、そういう話があらゆるところで語られています。残された映像も多くありますが、そこではむしろ、ぎりぎりまで逃げようとしない住民の姿が多く映っています。

また、震災後の津波で福島第一原子力発電所が被災し、全電源喪失の結果、放射能汚染が広域に拡散しました。時間を追って避難区域が五月雨式に広がり、伝達方法のまずさにも助長されて多くの混乱がありました（政府事故調中間報告 二〇一一、二六三～二六八頁、四八二～四八四頁）。それでも住民の行動はパニックと呼ぶような様相を呈したでしょうか。報道からはそのような状況があったことを確認できません。確かに避難する道筋は車が渋滞し、避難が進まないことに不安が増大したけれども、それを非合理的な行動だと言うには無理がありすぎます。

にもかかわらず、福島原子力発電所の事故に対しては、政府は地域住民の「パニック」の心配をしたようです。事故後二カ月近く経った五月四日の記者会見で細野豪志首相補佐官は次のように証言しました。緊急時迅速放射能影響予測システム（ＳＰＥＥＤＩ）の試算結果の公開をためらったのは、「国民がパニックになることを懸念した」からであると（注1）。

（注1）民間事故調報告書（二〇一二、一九四頁）によれば、三月二五日に二〇～三〇キロ圏内に「自主避難要請」したのも、パニックのリスクを心配したからです。「自主避難要請」とは法令的に適切な用語ではなく、そこにも問題があります。

しかし、彼はさらに二カ月後の七月二二日、自由報道協会の会見において次のようなやりとりをせざるを得ませんでした。

――細野大臣（注2）は情報開示の姿勢が非常に感じられるのですが、実際には伝わってない面もあると思うんですが、（放射能の）パニックを防ぐということと、情報開示のバランスをどう考えているかをお聞きしたいのですが。

細野氏：そこはですね、明確な方針がありまして。日本人はパニックを起こす、とんでもない状況になるということは基本的にない国民性だと思っています。むしろ、情報を隠したときの方がパニックになる可能性があると。より危険なのはね。むしろ「開示をしてキチッと説明をすることで、国民の皆さんの安心感を取り戻す」と、これしかないと思うんですよ。

パニックは起きなかった、また起きないだろう、という認識に改まっています。この事実認識はまともですが、それは日本人だからそうなったというものではありません。もう一点指摘できるのは、緊急時により適切な行動を導くには、曖昧な情報ではなく、具体的な選択肢ないし指示を出すことです（池田 一九八六）。この点で情報開示の方向性は適切なものと言えるでしょう。パニックを恐れてそれを隠すことにメリットはありません。

地下鉄サリン事件とパニック

東日本大震災のときばかりではありません。時間を一九九五年三月二〇日に巻き戻しましょう。麻原彰晃率いるオウム真理教による大規模なテロ事件である地下鉄サリン事件の日です。月曜だったこの日の朝八時頃、行政の中心地東京霞ケ関に向かう地下鉄三線合計五車両の車内に神経ガス・サリンが散布され、一三人が死亡、負傷者数は六三〇〇人にまで達しました（図5）。

しかしこの現場ですら、「パニック」は起きませんでした。小説家の村上春樹（一九九九）は、被害者に対するインタビュー記録をまとめて『アンダーグラウンド』（講談社文庫）を書いています。ここに現場の様子が見て取れます。

地下鉄丸ノ内線で被害に遭った三十代の女性。「後日、警察に事情を聞かれたときに、『そのときパニックは起こらなかったんですね』と質問されて、『そういえばみなさん静かだったなあ』と改めて思いました。誰も一言も発しない。電車から降りた人たちが、ホー

（注2）二〇一一年六月末より内閣府特命担当大臣となったため、「大臣」と呼びかけられています。

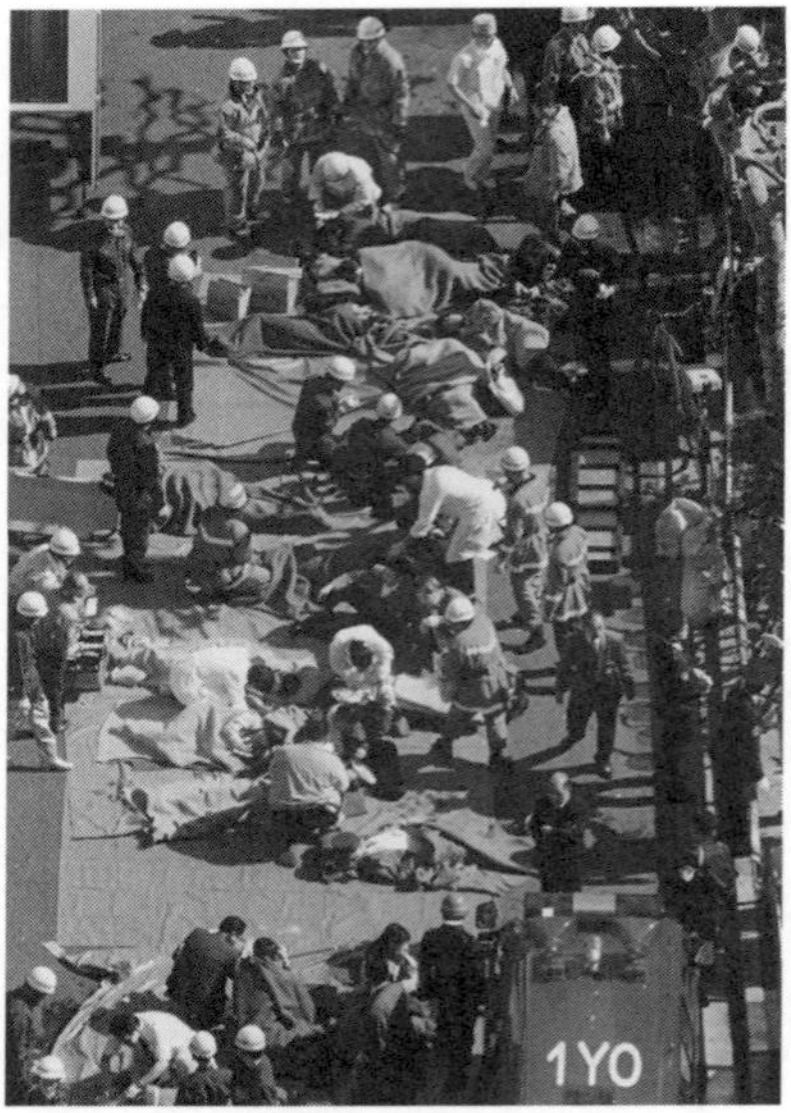

図５　地下鉄日比谷線築地駅前の路上で手当てを受ける地下鉄サリン事件の被害者（写真提供：共同通信社）

ムでコンコンと咳をしている。それが電車の中から見えました」（二六八頁）。

日比谷線乗車の三十代男性。「『毒ガスが発生しました。地下は危険ですから、地上に避難してください』という放送がありました。それで乗客はみんな立ち上がって、電車を降りました。パニックというようなものはありません。幾分急ぎ足ですが、普通に歩いて外に向かいました。人を押しのけるとかそんなのもありませんでした」(四二四頁)。

こうした光景は、筆者の授業を受講していた学生の一文と一致しています。まだ高校生だったその日、霞ケ関駅で乗り換えたときのことを彼はこう書いています。「ホームで日比谷線に乗りかえようとしていると、友人が『なんだか息苦しい。毒ガスだったりして』と言った。向こうでおばさんが倒れていた。これはホームにサリンがあったからなのだが、なぜか人々は落ち着いて電車を待っている。『火災発生』のアナウンスがあったにも関わらず、火災の跡はまったくない。後にテレビで『霞ケ関駅パニック』とあるが、実際はそんなことはなかった。……そのまま、歩いて学校に行くと、先生が『地下鉄に毒ガスがまかれたらしい。サリンかもしれない』と言うが、みんな信じなかった。学校はすぐにおわり、自宅に帰ると、テレビでは全局で地下鉄サリンの報道をしており、母親は泣きそうな顔で私を抱きしめる。親戚から安否を確認する電話があいつぎ、私は初めて恐怖を感じた」。

このような事態でも、巻き込まれた人々が慌ててパニックを引き起こし、二次災害となるような事態を引き起こすよりは、事態そのものが見えておらず、緊急性を認識した行動をとりきれていません。つまり、震災とサリン事件を通じてわかるのは、津波でもサリンでも切迫した事態を理解することは難しく、むしろ問題は逃げることに集中できない状況になってしまうことです。また原子力発電所事故の避難指示に際しては、見えない放射能に対してどこが安全か見通すことが難しく、情報のなさに人々は戸惑い続けたのでした。しかし、いずれのケースもパニックという表現にマッチするほど、人々が合理性を失ってケモノのように互いにぶつかり合うような事態に至ることはありませんでした。

●パニックより難しい異常の認識

パニックという言葉はよく知られています。グーグルで検索すると二〇〇〇万件以上もの日本語ページがヒットします（精神的な疾患に関連したパニック症候群やパニック障害を除いてもそうです）。そしてその少なからぬ部分がこう考えます。人間は何かリスクを認めると慌ててふためいて理性を失い、カッとなって「非合理的」に行動する、と。こうした人間＝パニック・モデルは、根深い社会的現実です。アメリカ東海岸での調査結果では、災害時にはパニックが主要な問題だと考える人が八割を超えるという報告すらあります（ウェンガーら 一九七五）。こうしてパニックを恐れる為政者たちは、その発生を忌避しようと、パニックの「引き金」になりかねない切迫事態の情報を出し渋ります。

パニックの実証研究

パニックの研究には長い歴史があります。例を見てみましょう。かつてクアランテリという社会学者が一九四〇年代から五〇年代にわたり爆発事故、航空機事故、地震時の人間行動等に関する広範なインタビューを行っています。今でも通用する彼の結論はこうです（クアランテリ 一九五四、一九五七）。

第一に、「パニック」発生の報道があっても、実態を詳しく調べてみるとそれに当てはまる事例はほとんどありませんでした。他人を省みず、しかも非合理的に自らの危険を増大させるような行動が、事故や事件そのものを悪化させたケースはほとんどないのです。

第二に、仮に慌てふためいた逃走行動や心理的な動転が起きるのだとしても、それは人間が「ケモノのレベル」にまで落ちていることを意味するのではありません。

そう誤解されるのは、一つには情報処理できる認識の範囲が狭小化し、思考の焦点が一つだけに狭まっているという点にあります。たとえば、火災が起きたとき、直前に来た道だけしか思い浮かばず、それが火災の起きている方向でもそちらに向かうという傾向です。

また、事態を協同的に解決することが思い浮かびにくいということも誤解の一因でしょう。個々人が自分だけで自分の問題（たとえば逃走）を解決しようとするために、外側からは人々がばらばらな行動をとっているという印象を与えるのです。しかし、逃げるとしても、それはけっして「やみくもな」行動ではなく、人々は自分が何をしているかよく理解しており、それがベストな方法だと思い込んでいるのが一般的です。さらに協同しないという意味で「非社会的行動」であっても、自分が逃げるために他者の行動を妨げたりするような「反社会的行動」ではありません。

他方で、311の釜石の小中学生のように、津波の危険に直面して相互に助けながら避難して危機を逃れるということさえ、可能です。そのほかにも被災した人々が互いに援けあった事例は枚挙にいとまがありません。

だから、社会心理学の理論や研究では、パニックを為政者が恐れるほどのものとみなすのはおかしいと言い続けてきたのですが、「パニック神話」は根強く、大きな災害や事故のたびに顔を出します。

日常性バイアス

実は、「パニック」の心配よりはるかに重大なのは、異常事態そのものが信じられにくい、ということです。「現実」が異常事態になっていても、私たちはそれを社会的現実として受け止めていくまでに困難があります。まさに「想定外」のできごとが頻発した東日本大震災で見てきたように、一般の住民も、行政官でさえも「まさかこうなるとは」と振り返ることになりがちでした。サリン事件の乗客の様子にもその断片がうかがえます。

このような異常の誤認識はしばしば起こります。私たちの「日常性」はそれほど堅固なものなのです。災害の心理学ではこれを「日常性バイアス」(normalcy bias)(注3)と呼ぶほどです(ターナー 一九七六)。日常性の確かさが異常事態の認識を歪ませるからです。認知心理学的に見れば、それは「アンカリング(投錨)・バイアス」と呼ばれるものの一形態で、日常という「常態」に人々の意識が固執し、それをベースに(それを錨《いかり》の拠点として)ものを考える強い傾向を示します。

このバイアスは、通常は私たちの生活を安定的に営むのに大いに寄与しています。私たちの日常はこの「日常性バイアス」の枠の中で社会的現実感を築き上げており、この範囲内で日常に何が起こり得るかを予期し、何を信じてよいかを判断しながら生活しているのです。それは常識や通念の世界でもあります。

そして、この日常性の範囲の中でのことなら、私たちはほとんど起きることがらを予期できるのです。それゆえに、近所のお店でのやりとりも銀行との取引きも、電車の指定席の確保も安心してできるのです。それは社会の制度的な枠組みによって支えられているとともに、私たちの自らの内なる現実感が支えてもいるものなのです(より詳しくは池田

(注3)しばしば「正常化の偏見」とも呼ばれますが、心理学的にふさわしい訳語は「日常性バイアス」です。

一九八六)。

●「しろうと理論」の世界

社会的現実としてのしろうと理論の重要さ　「災害のときにパニックが起きる」というのは典型的な「しろうと理論」だと、本章の冒頭で一言言及しました。では、しろうと理論とは何でしょうか。それは私たちの日常生活に深く根ざしているため、詳しく検討するに値します。

ここで「しろうと」というのは「専門家」との対比であり、専門家でないごくふつうの人々が、ものごと・できごとを説明するときの理解や納得の論理を「しろうと理論」(lay theory)と呼びます。同じものごと・できごとの理解が個々人で異なり得る一方、広く共有される信念となって「常識化」した理解も多々あります。パニックについての信念が、まさにそうした「常識」の一つです。人々がパニックを起こすと思っているのは為政者側だけではありません。マスメディアの記者にも一般の市民にも、広く共有されているのです。

しろうと理論は、社会的現実の三層の中では、第三層の「内在的な力」の重要な部分を構成します。つまり「しろうと的一貫性」によって、社会的なものごと・できごとについての現実感を生成するのです。「パニック」は、災害時の人間の行動はこうなるはずだという理解の「理論」であり、それが災害が起きたときに現実感として脳裏に浮かび上がるのです。それが実際にどこまで現実で生じるできごとにフィットしているか、大いに疑問であることはふれてきた通りですが、それでもなお多くの人々に共有され、揺るがないのが実情です。

では、しろうと理論は間違った信念でしょうか。そうとは限りません。現実を近似的に説明するという意味で、「正しい」しろうと理論もあります。

「今日は夕焼けだから、明日は晴れに違いない」というのは、ある程度現実に根ざしたしろうと理論でしょう(注4)。またこの「夕焼け理論」を信じることが社会的な問題を引き起こすことはあまり考えられないでしょう。

では、「あれはどうも地震雲のようだから、みんなに危険が迫っていると知らせよう」というのはどうでしょうか。冗談のようにも聞こえますが、揺れのくる直前に地震雲が出ていた、という証言が大地震の後に跋扈《ばっこ》することは珍しくありません。もし本当に当てたた

(注4) 確率的には正しくないかもしれない推論です。インターネットを検索すると、このしろうと理論の「正しさ」がいろいろと論じられていて興味深いです。

なら社会的にも意味のあることだったでしょうが、残念ながら地震雲の「予測」は地震後に話題になるにすぎず、基本的には科学的妥当性は低いと考えられています。

それでは、「地震雲が出ているから地震に注意するように」という言説を多くの人が信じる事態に、社会的な問題はないのでしょうか。用心するに越したことはない、という意味では問題はないかもしれませんが、「地震雲が出ているから当社の防災用品を買いましょう。値段はいつもの二倍です」となればどうでしょうか。もはや社会的な問題となりますね。「あてにならない」しろうと理論についても、目くじらたてずに放置すればいいではないか、と人は言うかもしれませんが、問題はしばしば生じます。

実際、理論的根拠薄弱な「血液型と性格」の関連性は、しろうと理論の大問題の一例になっています。A、B、O、ABの血液型によって性格が異なってておかしくないという「理論」は、過去に何度もベストセラーとして、あるいは雑誌の人気特集号として大いに売り出されており、大もうけをしている人々がいる一方で、「嫌われるAB型」として迷惑している人が多数います。テレビ番組ではたびたび肯定的に紹介され、視聴率を稼ぎ出していますが、これに対して厳しい反論がわき起こり、NHKと民放とで作る「放送倫理・番組向上機構（BTO）」が対応を迫られるというできごともありました（二〇〇四年末）。

こんなに広がるしろうと理論もあるのです。

しろうと理論の偏在性

しろうと理論は私たちの日常のあちこちに遍在しています。それはしばしば意識されない、隠された前提になっていることがあります。

科学を商品に応用するときにも、しろうと理論がよく使われます。たとえば「この洗剤が他社商品より衣類のよごれを落とす理由は、活性化酵素がよごれに吸着しやすくなっているからです」というようなCMはどうでしょうか。あなたは「活性化酵素」を説明できますか、また酵素がどのようによごれを落とし去るのでしょう。ちょっと考えるとよくわかりません。しかし活性化酵素という語感が「なんだか効きそうな」納得感の隠された前提となってCMを支えているのです。

しろうと理論についての実験もあります。ミラーとラトナー（一九九八）の研究では、「人間は自己利害で行動する」というしろうと理論を検討しました。アメリカ・プリンストン大学の学生を対象に、金銭的報酬がある条件もしくは報酬のない条件で献血を頼まれた場合に、自分や同級生がどの程度まで献血に応じるかを検討したものです。すると表3に見るように、自分のことについては金銭的報酬によってもよらなくても献血に応じる比

表3　献血ボランティアの応諾率の実験結果
（ミラーとラトナー，1998）

報酬	ボランティア応諾率（%） 実際の行動	予想
支払いあり	73.21	62.46
支払いなし	62.50	32.64

率に大きな違いはないのですが（報酬ありで七三％、なしで六三％）、同級生の行動を予想させるとその差はもっと大きくなりました（六三％対三三％）。つまりここには、自分はともかく、他者は自己利害に基づいて振る舞うという、しろうと理論的な隠された前提が存在して、それが無報酬での献血率を三割も低く推定する結果につながっていたのです。

もっと社会的なしろうと理論もあります。「マスメディアのアナウンスメント効果」は、選挙の際に評論家がしたり顔で説明したり、争っている候補者たちが迷惑な報道だと苦情を言うときに出てきます。選挙の中盤や終盤に新聞社やテレビ局が世論調査をして、「この選挙区ではA候補が優勢だが、B候補が急追している」などと報道すると、A候補は自陣営に不利な報道だと怒り出す、というような事例です。「日本人は判官贔屓なのでB候補に票が移ってしまうのではないか」と懸念するのです。

これは「付和雷同の愚かな大衆」というしろうと理論が下敷きになった信念です。つまり、有権者は報道でどちらが優勢と伝えるかどうかに付和雷同して影響され、判官贔屓をしがちになる、そういう「愚か者」だから困ったものだ、という信念です。それが高じると、選挙の直前に付和雷同を引き起こすような報道をするのはけしからん、有権者は真空で判断させるべきだ、などという議論を始めることになります。類似の発言をする政治家は少なくありません。「真空」というのは、何も選挙や候補者について報道するな、という意味でしょうか。開かれた民主主義と相容れない議論になってしまうのです。

しかし、こうしたしろうと理論に根拠がないとなったら、どうでしょうか。洋の東西を通じて、報道に対して有権者は確かに判官贔屓をすることもありますが、それと同程度に多数派になびく傾向もあり、結果はプラスマイナス差し引きゼロといったところが数多く知られています。またそれは付和雷同ではなくて、有権者の候補者に対する合理的な判断の結果です。このことを踏まえると、愚かな大衆によって自分が不利になると政治家が主張するのは、有権者を蔑視するしろうと理論の持ち主だと言えないでしょうか。

しろうと理論と科学の論理

しろうと理論はイギリスのアドリアン・ファーンハムが詳しく研究してきました（ファーンハム 一九八八）。彼はしろうと理論と科学的理論との違いを比較することで、しろうと理論の特徴を描き出しています。いくつか列挙しましょう。

●整合性があり首尾一貫していること……しろうと理論では理論的な一貫性は必ずしも求められていません。血液型と性格に関して広く流布している本などでは、たとえば「陽気なB型」と「ちょっぴり暗いB型」がともに同じB型的な性格として並べられています。相互背反的なものですら同一の血液型の性格類型に入ってしまうのであれば、どんな性格でも血液型と性格の「理論」が当てはまると強弁できることになります。

●検証と反証……科学的理論は演繹主義的で、ある特定の原理や法則を用いることで結果が前もって予測できるかどうかが問われます。一方、しろうと理論は事後的で帰納主義的です。たとえば、誰かが「Aさんの行動がひどい。性格が悪いに違いない。Aさんの血液型は何型なんだろう」というつぶやきに、「あなた、それを知らないでいたの。まさに＊型なのよ」「あ、やっぱりそうなのね」、というようなやりとりを指します。もちろん同じ＊型の血液型でも性格が良い例、つまり当てはまらない例はいくらでもあるのですが、当てはまる例がわずかでもあれば「正しい」と検証してしまいがちな傾向がしろうと理論にはあります。

●原因と結果の関連の一方向的認識……因果関係を特定するのは科学的理論では基本的に必須の検証条件ですが、しろうと理論は気にしません。「悪い視聴番組を見るから、非行に走ったり、非行的な好みを身につけるのだ」というしろうと理論があります。映像症候群（video malaise）と呼ばれる論理ですが、科学の視点から見ると、因果が逆の可能性があることをしろうと理論は想定しません。つまり、非行的な好みを持つある種の人々がある「悪い番組」に特別に惹きつけられる、というような可能性をしろうと理論は気にしませんが、科学的理論では検証されるべき課題です。

ファーンハムは他にもあげていますが、これくらいにしておきましょう。しろうと理論はこのように、説明の論理や理論としては科学的思考と相当異なっています。曖昧で何でも説明がつくような「事後説明」的なずるさを感じても不思議ではありません。選挙で負けたのはアナウンスメント効果のせいだと言うのは、負け惜しみのようなニュアンスがあります。

しろうと理論が行動に影響する

しかも、現実の人々の行動に対して、信念としてのしろうと理論が影響を及ぼすことは無視できません。

一例をあげましょう。「デパートの商品は高い」のがなぜかについて、持っているしろうと理論の種類によって、消費者の行動が異なることを検証した私たちの研究です。デパートでの商品の価格について、一般の市民への調査から見つけ出された三つのしろうと理論を検証しました。主に「仕入れ商品の流通が複雑なので、デパートは高い」「サービスのコストが高くつくためにデパートは高い」「品質の良い商品を提供するのでデパートは高い」の三つです。これらのうち初めの二つはデパートから人を遠ざけそうですが、三つめは高品質を好む消費者の心をとらえるかもしれません。

そこで、消費行動との関係を検討するために、一年前に比してデパートでの買い物が増えたかどうかを尋ねました。回答は一点から五点の値で答えてもらいます。順に「増えている」「やや増えている」「変わらない」「やや減っている」「減っている」とポイントが一つずつ上がります。つまり買い物が減る方向にある人でより高いポイントになります。この回答としろうと理論との関連を厳密に検討するため、回答者の性別・年齢・学歴・買い物支出の種類によって生じる効果をすべて相殺した上で分析をしました。

結果は表4を見てください。総平均値は全員の「買い物増減」(=従属変数。説明対象の要因)についての回答の平均値、調整偏差値は表示のカテゴリーの該当者がこの総平均値からどれだけずれているかを、MCA(Multiple Classification Analysis)という分析手

表4 「デパートは高い」のしろうと理論の種類と消費者の行動
（1995年池田研究室調査）

従属変数＝デパートの買い物増減			
		総平均値	3.38
			調整偏差値
「デパートは高い」のしろうと理論	高くない		−0.47
	値引しない		0.02
	流通に問題		0.23
	サービスのコスト		0.39
	品質のよさ		−0.06
	人件費・コスト		−0.12
相関比		0.23**	
性別	男性		−0.01
	女性		0.00
相関比		0.00	
年齢	20代		−0.27
	30代		0.12
	40代		0.05
	50代		0.15
相関比		0.16*	
学歴	中学まで		0.24
	高校		0.10
	高専・短大		−0.22
	大学以上		−0.07
相関比		0.12	
共変量と標準化偏回帰係数	「しろうと理論」の確信度		−0.02
	中元支出		0.10
	洋服・アクセサリー支出		−0.10
	家具・電気・酒支出		0.05
	玩具支出		−0.02
	弁当・生鮮食料・菓子支出		−0.02
決定係数		0.108*	
重相関係数		0.328	
N		298	

統計的有意水準の表示：† .1 > p > .05, *p < .05, **p < .01, ***p < .001。共変量の数字は標準化されたもの。

法によって表示しています。表から、「デパートは高くない」と思っている人では「変わらない」と回答する傾向が強い（平均より〇・四七低い）のに対して、「流通に問題あり」と回答した人は「高くない」とする人よりデパートの買い物が減少した方向に〇・七ポイント（＝〇・四七＋〇・二三）偏った回答をしていることがわかります。「サービスのコスト」を指摘した人々では〇・八六ポイントも減少方向の回答をします。他方、「品質のよさ」を指摘した人々でも「デパートは高くない」という人々よりは購買傾向は低下気味なものの、差異は〇・四一ポイントにとどまりました。この結果は、消費者のデパートのしろうと理論がそこでの購買行動と相関していることを示しています。しろうと理論要因の全体の相関比の値はこの要因に意味があることを示しています。

つまり、何らかのしろうと理論を頭の中に持つことが、その理論に沿った行動や判断を引き出しているのです。デパートの例でも血液型と性格の例でも、アナウンスメント効果やパニックを恐れる例でも、それは共通しています。

しろうと理論の下位タイプ

さて、ここまでしろうと理論をひとくくりにできるようなニュアンスで書いてきましたが、実はしろうと理論にはいくつかの下位タイプがあります。「しろうとにもわかる理論」「しろうとが説明を作り出す理論」「しろうとを〝だます〟理論」です。しろうと理論で問題を引き起こすケースは、そうした下位タイプと関連しているようです。

①「しろうとにもわかる理論」

このタイプのしろうと理論では、現象に詳しくなくても直感として「わかる」説明や科学をなぞるような近似的な説明が行われます。たとえば、「光の三原色を分解して使った」解像度の高いビデオカメラというような商品の説明、「クーラーの赤外線リモコンは、リモコンからの赤外線をクーラー本体が受光してそれによって機能する」というような説明は、どちらも詳しいメカニズムの説明であるかは微妙ですが、近似的には正しいものでしょう。

またこれより曖昧で、確証された事実の存在が不確定なしろうと理論もあります。たとえば、必ずしも効果が実証されていないサプリメントの効果についてのしろうと理論はどうでしょうか。「一粒でレモン百個分のビタミンC」のような宣伝はいくらでもありそうです。いかにも健康に良さそうですが、そんなにビタミンCを摂取しても体外に排泄されるだけではないでしょうか。それ以上に効果があるのでしょうか。あるいは「天然水を使ったビールだからおいしい」というのもしろうと理論でしょう。天然水だからといって、成分によっておいしいとは限らないのは、ある意味当然です。これらは時に「実証未満」

であり、時に「だます理論」（後述の③参照）になり得ます。

②「しろうとが説明を作り出す理論」

このタイプのしろうと理論は背後に科学的説明を必ずしも抱えていません。たとえば、先ほどの「デパートが高い」理由になっているしろうと理論は、どれも現実を部分的に切り取った説明にすぎません。さらに、パニックやアナウンスメント効果は、場合によっては「正しい可能性」、つまり当てはまる可能性がないとは言えませんが、これまでの科学的実証的な証拠から見ると「正しい」とは言えない理論です。そして時に、その「誤り」によって、社会的な問題を引き起こすことがあるのは見てきた通りです。

③「しろうとを〝だます〟理論」

これは本来のしろうと理論ではありません。血液型と性格、血液型どうしの相性、というのは、しろうと的な説明に依拠して「ためにする」理論である側面が強く、それが喚起する占い的なおもしろさや、時に他者を嘲笑する論理がちまたでウケを取る、という構造を持っています。それを喧伝するほど、特定の血液型を差別視したり、笑いの対象とするだけでなく、そのことによって利を得る人々が背後にいる、という側面がしばしば見え隠れします。

●テクノロジーと「しろうと理論」

「隠す」テクノロジーとブラックボックス化

さて、このように見てくると、しろうと理論的説明と科学的説明との間の距離が意外に近いことに気づかされることでしょう。「しろうとにもわかる」科学のしろうと理論は、まさにポピュラー・サイエンス的だと言えなくもありません。

この点はたいへんに重要です。複雑化・高度化した現代では、私たちはとてもすべての科学理論やテクノロジーをよくわかった上で生活しているとは言えません。しかし後に見るように、ある程度わかった上で使いたい、という志向性も根強い。そうだとすると科学近似的なしろうと理論は、社会生活を送る上で不可欠とも言える信念かもしれません。

実際、広く普及したテクノロジー世界にはしろうと理論が遍在しています。パソコンはなぜ動くのでしょう。インターネット上でメールはどう届くのでしょう。あなたは説明できますか。ある程度のしろうと理論的な近似的説明なら可能かもしれません。それで大多数の人はよし、とするのです。そして「専門家がもっと説明してくれれば、自分でもさらによくわかるはずだ」という暗黙の前提（想定）の下に、テクノロジーに満ちた社会でも安心して暮らしているのです。

さらに重要なことは、複雑なテクノロジーを隠すことにもメリットがあるという点です。パソコンを使うのに、いちいちパソコンの詳細なメカニズムを知っていないと使えないのでは、日常的な道具としての有用性は大きく損なわれます。あらゆる電化製品はそうです。「簡単で便利」「考えなくてもいい」「いちいち仕組みを知らなくていい」、こうしたことのメリットはとても大きいのです。「しろうと理論でもいい」という以上に、複雑な手順を踏むことなしに使えるような、直感的で便利なインターフェイス（操作面）を用意することが、その商品が普及していく大きなポイントですらあります。

かつてパソコンのソフトウェアのインストールには、パソコンの仕組みをかなり知らないとできないような時期もありましたが、いまではまずほとんど「楽々インストール」ではないでしょうか。それでも難しいと、多くの人は怒り出します。無線ＬＡＮの設定やスマートフォンの設定などでも同じです。難しい部分を隠すことが便利さを増し、普及を加速します。

このように「隠すことの有用性」は確かにあるのですが、それと「テクノロジーを理解することの重要性」はしばしば対立します。重要なメカニズムが隠されていて便利に使っていた電化製品がある日突然故障したとしましょう。隠されているがために、故障を直すことができない、電器屋さんに頼むしかない、などということが頻発します。後でふれますが、このことはもっと巨大な航空機の操縦などでも顔を見せる対立です。

ブラックボックス化の現代的背景

「隠す」ということは、テクノロジーの「ブラックボックス化」と軌を一にしているとも言えます。

ここには大きな歴史的背景があります。

そもそも近代社会とは、一七世紀にルネ・デカルトが確立した「明晰判明知」の世界の成立と不可分に成り立っています。つまり、すべてのできごとは明晰に論理的に説明できるはずだ、という「わかる」ことの論理性の上に立っています。それが近代科学の論理的思考を発展させ、実験の精神とともに近代産業を生み出す礎となっています。二〇世紀社会科学の太祖の一人、マックス・ウェーバーはこのことを近代世界の「魔術からの解放」と呼んでいます。それは非常に大きなできごとだったのです。

ところが、現代世界のテクノロジーの急速な進展は、電子化にまで到達しました。動力の伝達などモノのメカニズムが理解しやすかった機械化の時代からさらに、電子化してしまうとメカニズムは目では見えにくくなっていきます。

そのわかりにくさ、複雑さはユーザーの側からの「使いやすさ」への圧力を呼びます。

難しすぎる部分、見えにくい部分は進んで隠さないと、使い勝手が落ちるのです。そのことでテクノロジーのブラックボックス化が進みます。「隠すこと」は、電子化と使いやすさの優位性という二重の圧力の「おかげ」でますます進展し、現代世界は見かけ上、より住みやすい世界となったのです。

ところが、これには副次作用がありました。テクノロジーが多くの人々にとって「明晰判明知」の世界、つまりものごとやできごとのメカニズムや原理を論理的にくまなく説明できる、そうした世界ではなくなってしまったのです。もちろん現代では、テクノロジーには科学技術的背景があり、説明可能な仕組みで動いている「はずだ」と私たちは仮定できます。しかし、「はずだ」にとどまらざるを得ません。それはかつての錬金術や魔術の世界とそれほど距離が遠くないところに来てしまっていることを意味します。これが副作用です。つまり、科学が明晰判明な存在ではなくなってしまい、科学的説明が可能なはずという「仮定（前提）」のみが、前近代の錬金術や魔術の不思議と私たちを隔てているにすぎないのです。ボタン一つ押せばプリンターが印刷するパソコンと、むにゃむにゃと呪文を唱えれば勝手に紙の上に文章が出てくるマジックとの差は、紙一重です。

こうして近年、科学や社会現象の「再魔術化」の兆候が見えさえします。アニメに出てくるマッドサイエティストはその一つの典型でしょう。「科学」という魔術の扱い手です。

あるいは社会的な制度にも見えない部分が多くなりすぎていることを考えれば、テクノクラートという専門人と魔術使いとの距離も十分ではありますまい。このことを踏まえると、近年、魔術的な信念に対する許容度が高まってきていてもなんら不思議ではありません。NHK放送文化研究所編『現代日本人の意識構造 第七版』(二〇一〇、調査は二〇〇八)からデータを見てみましょう(図6)。複雑なテクノロジーの最先端に近い若年層に顕著なことですが、「あの世」「奇跡」「お守りやおふだの力」を信じる比率が持続的に増大しています。機械工業時代の余韻の残っていた一九七三年にあの世を信じている若年層は六%にすぎなかったのが二〇〇八年には二二%になっています。お守りやおふだは一〇%から二四%に、奇跡は一八%が三八%にまで大きく伸びています。これに対して、年齢層が上がるほど、そうした傾向が弱くなるのが図から確認できるでしょう。

鉄腕アトムとドラえもん

テクノロジーとブラックボックスの関係が変化した例はアニメにも見て取れます。それは大胆に言えば鉄腕アトムとドラえもんの差異です。

鉄腕アトムが創作された時代には原子力に対する信頼さえ十分にあり、明るい未来を示す十万馬力の原子力エンジンがアトムの飛行を支えました。一九六〇年代が全盛期です。

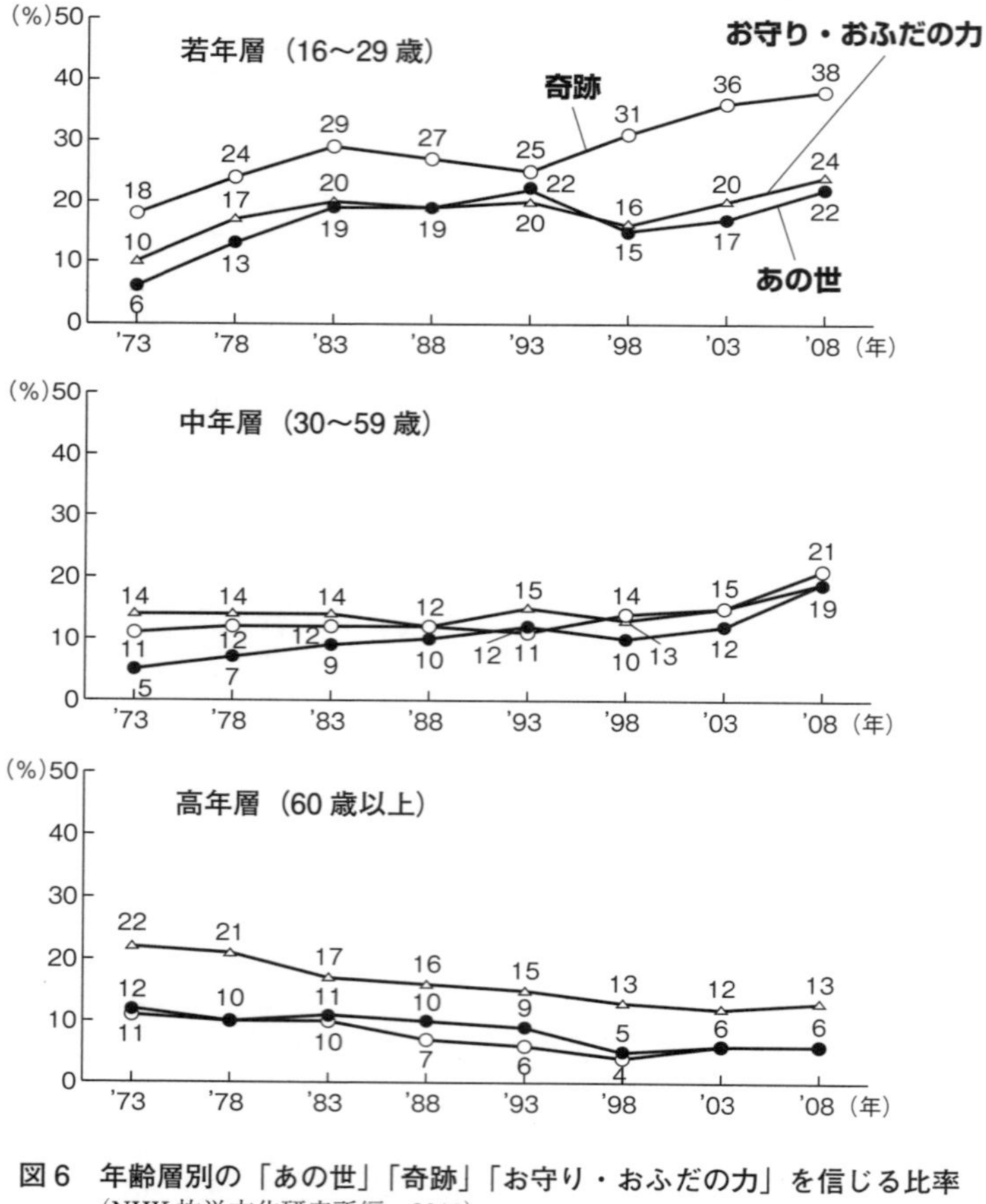

図6　年齢層別の「あの世」「奇跡」「お守り・おふだの力」を信じる比率
（NHK放送文化研究所編，2010）

作者の手塚治虫が後になって科学への懐疑に苦しんだことは事実ですが、しかしそれでもアトムには科学への基本的な信頼と、デカルト以来の明晰判明知の伝統が残っています。アトムについて使われるテクノロジーは説明可能性に満ちています。

一方、一九七〇年代後半から人気に火のついたドラえもんには、『ドラえもん大全』などという解説書があるものの、基本は不思議に根ざしているように思われます。「こんなことといいな、できたらいいな」と歌い出す有名な主題歌はまさにそれを明示しています。隠されていてもいい、それが夢や楽しみを育み、他者を助ける素朴な正義感と結びついている限り、私たちは喜んでそれを受け入れる、そういうニュアンスがあります。アトムは生みの親の天馬博士、育ての親のお茶の水博士が科学の力で開発したロボットですが、ドラえもんは未来から与えられたナゾの存在です。

ドラえもんには不思議な道具がさまざまに出てきます。日本人どころか、世界の多くの地域で「どこでもドア」が好かれていることからわかるように、「わからないけど、すばらしい」という夢それ自体はけっして悪ではありません。むしろ、ドラえもんはこの世界に対する驚き、畏怖、あこがれ、つまりセンス・オブ・ワンダーを醸成していると言ってもよいかもしれません。ドラえもんの世界は仮想的思考の魅力に充ち満ちているのです。

その一方で、機械や技術の難しい部分を隠すことの問題は必ずしも意識されていないのかもしれません。しかし現代のアニメでもしばしば描き出されるように、マッドサイエンティストが恐れられ、「見えない」技術が悪用される恐怖を、私たちは確かに抱くようになっています。魔術的世界を悪用する、ないしは誤用するような社会観は、一九九五年のオウム真理教の事件からもうかがえることでしょう。

原子力発電のメカニズムについてもほとんどの人は「フクシマ」以前はそれほど深く考えることなく、そのもたらす便利さだけを享受してきたように思います。その仕組みへの隠されていたカッコ付きの信頼感が崩れた今、科学をどう受け止めていいかについての社会的な困惑がまさに今の日本の現状です。福島第一原子力発電所の四つの原子炉は明晰判明さを失い、完全に制御しきってしまえるのか不確定で、事故後二年を経ても内部の状態を十分に推定できない巨大なやっかいものと化しているのです。

マジックは売れますか

フクシマの原子力発電所事故を経て、多くの人はメカニズムを知らない怖さに目覚めたように思いますが、だからといって、しろうと理論的な説明を高く評価することになるでしょうか。科学に関わるしろうと理論は、私たちを明晰判明知の世界に結びつける絆であったとも言えますが、片や魔術的視点は「マジック」を売り物にする家電製品などを通して家庭の中にも多く入り込んでいます。

この対比に注目し、少し前のことになりますが、私たちは「マジック」を売り物にするCMと「仕組みがわかる」を売り物にするCMを系統的に視聴してもらい、評価する実験を行いました。実際に放映されたCMを何百本と大量に検討し、その中から「マジック」なCMとしろうと理論的なCMを抜き出してきて、三十代、四十代の主婦を対象に視聴の効果を実験として検討したのです（池田ら 一九九四）。

マジックCMで典型的だったのは、日興證券のハイテク予測技術を用いたCMでした。数学者広中平祐がモデルで登場し、なにやら難しい計算をしているところに、女優の富田靖子がこう語りかけます。

「先生、明日のことって、見えますか」

――すかさずナレーション

「数学も科学も、投資に活かせる時代になりました。リスクを少なく、リターンを確かに。日興のＩＴ」

――富田が最後に

「よくわからないけど、すごいな、日興のＩＴ」

（日興證券一九九〇年一一月のCM「ITフォーメーション」）

というものです。よくわからないけれど、情報テクノロジー（IT）の活用によって投資で儲かる、と訴えるのです。まさにマジックCMで、投資を効果的に進める難しい予測計算は数学者にお任せでも、あなたはこれで財産が増えますよ、とアピールするのです。こうした原理の見えないブラックボックスは、アリババの呪文と同じく、まじないの仕方（もしくは証券会社の窓口での手続き）はわかるが、なぜそうなるのかわからない「魔術師の道具」です。

ハイテク商品の広告においてことさら「マジック」を強調したり、「よくわからないけれどすごい」と主張するようなアピールの手法が、ブラックボックス化現象と相まって効果を上げるのでしょうか。そしてこのようなマジックCMを人は信じるのでしょうか。一方、マジックよりも「仕組みがわかる」CMを消費者は好むのでしょうか。

この点を検討したのがここでの実験でした。しろうと理論的なCMはすでに述べた「光の三原色」を用いたビデオカメラなど六種類とし、「マジック」なCMも同種の商品で一対で比較できるように揃えました。

実験の結果は、しろうと理論的CMの納得度が高く、ブラックボックス的CMの納得度は低いもので、ハイテク製品に対しても人々が仕組みについての納得を求め、そのことで商品の良さに現実感を得たがるというものでした。またさらに、科学技術に対する肯定度は、しろうと理論的CMに接すると高まりましたが、ブラックボックスCMではそのようになりませんでした。

魔術的な信念はドラえもんのようにセンス・オブ・ワンダーを喚起するまではともかく、日常の電子化の仕組みに関心を向けるしろうと理論に勝るとは言いがたいのです。それにしても、テクノロジーをどこまで「わかった」しろうと理論として受け止め、受容できるか、ますます大きな問題となってきていることに疑問の余地はありません。

●「しろうと理論」が誤る深刻さ

本章をまとめる手がかりとして、「パニック」というしろうと理論に戻った上で、テクノロジーとブラックボックスの問題が重なり合って生じた航空機事故の事例を検討しましょう。最先端テクノロジーの設計思想にまでしろうと理論が関わるのです。

すでにお話ししたように、「テクノロジーを隠す」ということと「テクノロジーを理解する」ということは、時に対立します。前者は使いやすさや道具性の向上を目指し、そのことは多くのハイテク機器では自動化を意味します。クルマに自動走行モードがあれば便利なのと同様、航空機にも自動操縦モードがあります。他方、テクノロジーの理解はメカニズムとしていま何がどう動いているか、可視化・鳥瞰化できており、その理解に基づいて予測ができることを意味します。

「パニック」を防ぐはずのメカニズムが飛行機を墜落させた

問題は、自動化を強力に進めたときに、システムを動かす操縦者の側で「何が起こっているか」の理解まで奪いかねない、という点で発生します。名古屋空港で一九九四年四月二六日に墜落、炎上し、二六四人の命を奪った中華航空機事故は、その痛切な例です。

この事故は、手動操縦で着陸を進行させていたところで、誤って自動操縦の「ゴーアラウンド（着陸やり直し）」のレバーを操作してしまったために、飛行機が自動で再上昇モードに入ったところからはじまります。パイロットが誤操作を手動で阻止しようとして、着陸（下降）方向に操縦桿を押そうとしたところ、自動モードはこの動作に反発して、自動的にさらに上昇方向へと尾翼前部の水平安定板を作動させる（前方に傾かせる）という状態を引き起こしました。パイロットの手動操作では尾翼後部の昇降舵が着陸のために下げられていましたから、全体として尾翼の形は「へ」の字になり、操作に支障を来しました。仕方なく、ゴーアラウンドでよしと決意して、パイロットが手動の下げ動作を止めたところ、自動モードだけが残り、エンジン出力全開となって急速に機首上げして失速、ついに墜落したのでした。

このとき、ミスでセットした自動の再上昇モードが簡単に解除できる仕組みになっていれば、パイロットは自動上昇に対抗して手動で思いっきり機首下げを試みたりしなかったはずです。しかし解除の仕組みは複雑で、機種方位モードと高度維持モードを経なければできないように作られており、パイロットは自動の再上昇を止められませんでした。あるいはパイロットが、尾翼の異常な形状に気づいていれば、何が問題だったか直感的に理解でき、それに対応を試み得た可能性もあるでしょう（そういう別の事例が存在します）。

事故調査委員会が明らかにしたのは、事故機のエアバス社ではわざわざ自動モードを解除しにくくしていた点です。NHKスペシャルが行ったインタビューでエアバス社幹部は、「人間は慌てると信用できない」と述べ、それが着陸時など操縦の難しいポイントで自動操縦を優先している理由だ、と主張したのでした（「ハイテクの死角：中華航空機事故とコンピュータ」（一九九四年一一月二〇日放送）。事故の記述として失敗知識データベース〈http://www.sozogaku.com/fkd/cf/CA0000621.html〉も参照のこと）。

まさに「緊急時に事態を理解できずに判断を誤る人間」像というパニック的しろうと理

論が設計思想に反映され、そのことがシステムのブラックボックス化を正当化しているのでした。そしてこのブラックボックス化がパイロットの「何が起きているか」の明晰判明な理解まで奪い、逆にパイロットに誤った行動をとらせやすくした可能性が見えるでしょう。事故後、この自動化の方針は改められましたが、それでも高度な技術の設計にまでしろうと理論が関わってくることに、驚きを覚えることでしょう。

実は、一方の極には緊急の事態の下でも「合理的」な人間行動のモデルを支持する事例があります。火災現場に急行し、勇敢にも取り残された人々の救出に当たる消防士の行動は、パニック行動モデルに当てはまるでしょうか。あるいは困難な事態の下でのパイロットがほとんど神業に近いことをやってのける事例がいくつもあることは(加藤 一九八九)、人間が緊急事態下で信用できないとする主張への反証にも見えます。

そして、どちらの人間行動のモデルを採用するかによって、設計される緊急時対応のシステムはまったく異なったものとなり得ます。つまり、緊急の事態についての社会的現実の違いがシステムの設計にまで影響を与えるのです。もう少し詳しく考えましょう。

パニック行動モデルでは、大きなリスク状況下では人間は理性を失うものと想定するので、システムが人間に代わって判断する、という設計思想が勝利をおさめます。人間のリスク認知とその対応に頼ることはできない、「非合理的」人間には「何もさせない」のがベストだというわけです。エアバスの設計思想がまさにそうでした。同様に、リスクの公表を渋る災害対策は、お上（システム）が下々（非合理的で愚かな大衆）に代わって判断する一つの典型でもあります。つまり、パニックを起こしかねない住民には黙ってそのまま従ってもらう江戸時代的な「民は依らしむべし、知らしむべからず」の思想が反映されているのです。福島第一原子力発電所事故での政府のためらいはまさにそれでした。

しかし、どんな緊急事態の下でも「パニック」的な人間観に代表されるような「ジキルとハイド」的な行動上の変容を人間が遂げるわけではないのです。人間は「バカ」でも「理性を失う」のでもなく、その合理性に限界があるだけなのです（詳しくは池田 一九八六）。

つまり、本章「パニックより難しい異常の認識」の節で見たように、慌てて視野が狭くなったり情報処理能力が低下するという限界があります（注5）。したがってその限界を踏まえた「合理的」モデルを設計するなら、システムが人間の判断を「助ける」（decision aid）設計がもっと考えられるべきでしょう。リスクの判定を行うのは最終的には個々の人間であり、システムは判断の材料を決断しやすいように、明晰な形で情報提供する役割

（注5）超人的なテクニックを持ったパイロットはその技術の熟達によって能力低下、視線狭小化を防止するのです。これはエキスパートの研究として知られるところです。

を担うのです。

こうした人間の判断を助ける設計が必要な理由は、自動化を進めるだけではすべての可能性には対応できないからです。東日本大震災でいやというほど経験したように、緊急時というのは「想定外」の事象でもあるわけですから、あらかじめすべてを予測して自動化で対処するには限度があります。したがって、人間の能力と合理性の限界を補完する設計が必要になるわけです。行動や対応の優先順位のチェックリストを視覚的に提示する、操作画面上に機体の状態を視覚的に提示する、直接操作感覚で尾翼の手動操作が尾翼の状態をどう変えているかわかるなど、可能なことは種々あります（こうした検討は、リスク工学でなされています（稲垣 二〇一〇））。

●プロフェッショナルのブラックボックス化は市民を救うか

航空機ではハイテクのシステムがブラックボックスでしたが、社会の中の人間でもプロフェッショナルや専門家という名前のシステムがブラックボックス化を進行させています。テクノロジーのブラックボックス化のみならず、システムを運行したり、操縦したり、運営する諸方面の「プロ」の人たち、つまりプロフェッショナルもまた、ブラックボックスとして見えなくなっているのです。対応の困難な社会的問題、あるいは事件や事故、災害に対してプロが対処してくれ、一般の人々はプロにお任せで、そのノウハウについては「信じるしかない」という点で、自動操縦と同様の「ブラックボックス化」が確かに存在するのです。

ここでは、プロは「リスク対処・事態対処の代理人」としてお任せの対象です。プロが対処するから、クライアントである一般の人々がリスクに対処することは求められません。実際、時速八五〇キロの飛行機の機内で安眠できることを考えましょう。クライアント（乗客）が直接リスクに対処することは不可能です。

こうしたリスク対処に関するプロとクライアントとの間の構造は、航空機や鉄道などだけでなく、社会的な制度の中にも深く入り込んでいます。たとえば行政と市民、政治家と有権者、証券マンと顧客、建築家と発注者といった関係にはどこでも同じ構造が見えます。そして、そのプロが問題事態に対処し損なう、問題事態を隠蔽するなどの事例が多々起きています。二一世紀になってから噴出した、食料品の産地偽装、消費期限の改竄、建築における構造設計証明書の偽装と改竄、「信頼して年金を任せてください」と言えない社会保険、そして福島第一原子力発電所の事故。

こうしたことを考えはじめると、私たちの議論は徐々にしろうと理論の問題を離れて、ブラックボックスを現代でどう扱うか、という問題に近づいていきます。そして、これは社会的な制度の信頼の仕組みの問題と深く関連するのです。システムを託されたはずの人々が、いかにしたら信頼を確保できるか、説明責任（accountability）はどうしたら果たせるか、いかなる形で代理人はチェック可能か、クライアント側の参加は可能か、という問題群です。これらは信頼研究の重要なテーマとして、改めて第4章で論じることとしましょう。

4・信頼と社会構造

「信頼」という言葉には大きな重みが感じられる。それは多くの人々に共有される感覚でしょう。しかしひとたび、信頼について語り出すと、その言葉の多義性には多くの研究者もたじろぎます。本章では、私たちが社会生活を営む上で信頼がどのように不可欠の貢献をしているのか、議論していきます。そして従来の社会心理学があまり踏み込んでこなかった制度や社会の構造の議論と関連づけながら、信頼の重層的な構図を解き明かします。

本章で主張したいのは、「人に対する信頼」は対人的レベルの社会的現実を支え、また「制度に対する信頼」は制度レベルの社会的現実の骨格を形作る、という点です。ここで制度とは、科学や教育、政府やマスメディアといった、社会の根幹をなすルールや賞罰の仕組み、基本的な情報・知識の蓄積を支える組織的・社会的な仕組みを指します。本章では人への信頼も制度への信頼も、社会的現実の共有なしにあり得ないことを示していきます。

●信頼と安心

電車に乗ったときに日頃見かけるのはどんな光景でしょう。それは二一世紀になって様変わりしました。新聞や雑誌を広げて読んだりしていた人たちに取って代わり、携帯電話やスマートフォンの画面に目が釘付けになっている乗客の光景がふつうになりました。そうした中で相変わらずなのは、居眠りをするシーンでしょうか。朝は朝で、昼は昼で、夜は夜で、かなりの人が短い距離の地下鉄の中でさえ眠っています。日曜夜の新幹線などとなれば、その比率ははるかに高い。いずれの場合も、乗客は乗り物で眠っても大丈夫だと信じているのです。では、乗客として鉄道が安全だと信じられるのは、なぜでしょう。いくつかの理由がただちに思い浮かびます。

1　運転士の能力から考えて安全性に何の問題もない。

2　運転士には一般に期待される行為から逸脱すれば、法的・社会的に罰せられるリスクがあるため、そうした行為は回避するはずだ。

3　物理的に失敗をしないような構造的配慮が何重にも用意されており、それゆえ乗客は安全なはずだ。
4　万一事故でも起こすなら、運転士は人間として、プロフェッショナルとして、良心の呵責と苦悶を感ずるだろう。だから安全な運転に最善を尽くすはずだ。
5　運転士は業績優秀で社会的責任を持ち、人々の役に立つ職業に就いて社会に貢献しているという、自らの誇りを傷つけるようなことはしないはずだ。

これらはどれももっともらしいですし、全部成り立つと考えてもおかしくありません。私たちにとって安全の感覚は、これら複合的な条件をすべて必要としているようにも思われます。それぞれ、より専門的な言葉に置き換えると、次のような概念が当てはまります（概念的区分は山岸（一九九八）に依拠しますが、それ以上は本書の論点です）。

1　運転士の能力に対する期待
2　制度化された安心の仕組み
3　物理的な安心の仕組み
4　運転士の人間性や職業的真摯さに対する信頼

詳しく見ていきましょう。

まず、能力です。運転士が列車をコントロールする能力を持つ必要性はほぼ自明です。その能力を明確に保証し、公正に証明するために、国土交通省の認可が必要な公的施設の下で訓練・養成が行われ、さらに資格試験によって免許が与えられ、運転士の能力が確保できている、という期待が存在します。

安心の仕組み

乗客の居眠りを助ける右の五つの要因の中で、能力とともに基本的な区別として見ておきたいのは、安心と信頼の区別です。

安心は比較的わかりやすいでしょう。これは罰や賞賛も含めたルールといったソフトウエア、およびハードウェアから構成されます。これらは安全を確保するために設計された仕組みや仕掛けです。前者は、鉄道では運転行為の外側にあって運転行為の逸脱を防ぐ制約要因です。つまり、法令・規則の遵守、監視と罰則、さらに適切かつ望ましい行為の奨励的な仕組みです。これらはあらかじめ適切に設計され、意図通りに運用され、運転士が制度設計通りに能力を十全に発揮すれば、安全が確保できるはずのものです。ここでは運転士の能力ですら制度設計上、資格試験などの形で規定されるのです。ここで「制約」というのは、制度が設計した以外のことを行動させない仕組みを指します。

またハードウェアとしての側面は、フェイルセイフ、フールプルーフという工学的な工夫によって確保される安全です。「フェイルセイフ」の仕組みは、万が一不注意なことをしてしまっても列車の安全を確保します。たとえば列車の速度を抑えるＡＴＳ装置が作動します。「フールプルーフ」は「バカ」でも安全が確保できるような対処行動の促進的仕組みです。電子レンジでは扉を閉めないと加熱できないのも愚かな誤りを防ぐための装置ですし、建物内の非常口の案内表示板の自明さもその一例です。以上のソフト面・ハード面の共通点をとらえて「安心」要因と呼びます。

さて、人間は何らかの動機付け（やる気）に基づいて意図的に行動する、というのが社会心理学の古典的な仮定です。そこで、運転士の動機付けという観点から見てみると、安心は「外発的動機付け」によって制御される仕組みだと言えます。外発的動機付けというのは、自分の自発的な意思で自分の行動を制御するよりは、外からの圧力や要請などの力に押されて行動を促されるときの心理的な推進力です。具体的には、運転士の自発的なやる気を期待せずとも、賞罰やハードウェアという運転士の行動を制約する仕組みだけで運転手の安全行動をコントロールする条件は外発的動機付けの領域です。ルールを遵守しなかったら罰が与えられるから安全運転するという状況の中では、自発性は必ずしも必要ではありません。また安全な運行のための装置を完全に装備してしまうと、運転士の判断なしに安全な運転ができてしまい、かえって緊張を欠くということが生じ得ます（自動運転モードなど）。安全のための自発性なしに安全運転が導かれることが、（機会が生じないため）自発性の発露そのものを抑制してしまうという、パラドックスがここにはあります。

信頼の発動

外発的動機付けに関わる安心要因のみでは、交通の「安全」は完成しません。運転士の自発的な行為を信頼する要因、つまり運転士の人間性やプロ意識に対する信頼なしには安全な運転は存在しません。重要なポイントは、安心ではすべてをカバーしきれないということです。世の中では不慮の事態がしばしば生じます。「想定外」（第2章）の事態は必ず起きる、と言ってよいかもしれません。その不確実性に直面し、安全を導く、いわば砦の守護神として運転士が存在し、乗客は彼／彼女への信頼なしには居眠りできません。信頼は安心の仕組みでカバーしきれない領域で最後に残る不確実性をカバーするのです。

ここで運転士への信頼というのは、運転士が「お客様の安全第一」の信念を持ち、託された乗客の命をなんとしてでも守るというプライオリティを強い信念として持っていると、乗客が信じられるかどうか、にかかっています。実際、運転士が悪意を持ったり人間性を放棄すれば、あるいは他の優先事項に気を奪われるようなことがあれば（効率優先、集客優先など）、それは崩壊してしまいます。そんなことはめったに起きません。

しかし、一九八二年の日本航空三五〇便墜落事故（死者二四名）は、パイロットが意図的に飛行機を着陸直前に逆噴射させて墜落させようとした事故でした。二〇〇五年のＪＲ西日本福知山線脱線事故（死者一〇〇名以上）では効率優先の経営方針が大きな背景要因だと指摘されています。安全への意思の欠如は、明白に事故につながります。そして、運転士が安全への意思を持っている「はずだ」という乗客の仮定こそ、運転士を信頼するカギとなります。この「はずだ」にイエスと答えられるのでなければ、信頼は成り立ちません。もちろん運転士の頭の中をかち割って確かめることはできません。だから、私たちはあたかも運転士が安全への意思を持っている「かのように」仮定し、実際に安全な運転が実現されるという結果を通して、その仮定の確からしさに確信を持ち、運転士への信頼を獲得していくのです。

ここでの信頼の発動に垣間見える運転士の意思は、運転士の「内発的動機付け」に支えられています。ここでは運転手の自発的で能動性を持った動機付けが、不測の事態や不確実性を安全に変換していく契機となることで、運転士は乗客の信頼に応えるのです。内発的動機付けはさまざまな協力行動の基盤であると知られているように、安心の確保のみでは閉じない安全性の円環を、運転士が自発的に乗客の信頼に応えるという行動によって完成させる力を持つのです。換言すれば乗客が運転士の自発的な顧客第一の倫理観を信じていられることが、安全な運行を信じて乗客が乗車できる最後の砦になるのです。安全の根底には運転士（ないしは鉄道事業者）と乗客との間に共通認識として、「運転士（鉄道事業者）の倫理性（安全への意思）――乗客による信頼」という協力的な対応関係が存在するのです。

最後に、社会的な評判（レピュテーション）には安心と信頼の二面性が同居しています（山岸　一九九八）。片面では、評判によって運転士の行動が統制できるという安心的な機能が果たされます。評判が落ちれば誰も利用してくれなくなる、という社会的なサンクション（賞罰）の仕組みによって安全を確保するのです。ですから何らかの事故の後、いかにやっきになって、ソフト・ハード両面での安心対策を整えて客観的な安全性が上昇したとしても、評判が落ちれば利用者は減ります。一方、評判には、多数の人が評判の対象（たとえば鉄道会社）を信頼しているという含意もあります。運転士はそうした信頼の証を得ようと自発的に精進することが考えられます。

●対人的信頼

ここまで、信頼と安心の区分によって運転の安全が重層的な構造をしていることを紹介したので、次に信頼の中身をもう少し見ていきましょう。安心はハードな安心とソフトな安心に区別できましたが、信頼はどんな形をしているのでしょうか。

信頼する「相手」によって、信頼の形は少しずつ異なり、そのそれぞれが持つ社会的な意味も異なります。前節で見た信頼の例は運転士であり、そのプロフェッショナリズムへの信頼を「カテゴリー的信頼」と呼びます。運転士のプロフェッショナルとしての倫理性が運転士という職種（職のカテゴリー）に対する信頼を生み出しているのです。医師や弁護士、警察官や消防士、銀行の行員に対しても、私たちはそれぞれの職種に応じた信頼を持っています。そのことが持つ意味は次節でさらに論じますが、その前に他者に対する信頼の全体像を見ましょう。

信頼の多側面性

人に対する信頼はカテゴリー的信頼に留まりません。個人的によく知っている人に信頼を感じることも私たちの日常的な経験です。たとえば「彼は言わなくてもちゃんとやってくれるよ、これまでもそうだった」（人間関係的信頼）、「彼は人格者だから心配はいらない」（個別的信頼）などと私たちは他者をあれこれと頼りにするのです。それは、自分が他者の信頼を必要とするような事態になったときに、その信頼に応えるように他者が自発的に行動してくれるだろうという、他者の内発的動機付けへの期待です。

カテゴリー的信頼以外に、信頼には三つのあり方が考えられます（山岸 一九九八）。相手との過去の相互作用の積み重ねから生じるパーソナルな信頼（「人間関係的信頼」）、他者が人格的に優れていて信頼に値するというようなときの「個別的信頼」、そして一般的な他者の自発的真摯さに対する期待としての「一般的信頼」です。最初の二つはわかりやすいでしょう。人間関係的信頼は、自分に対する行動に一貫性があり、自分がその行動の主を信頼できるケースです。個別的信頼は、当の他者が誰に対しても一貫して信頼できる行動をとっているから信頼できるケースです。

三つめの一般的信頼はやや複雑です。検討してみましょう。私たちはふだんの生活の中で、さまざまな他者と接します。もちろん見知らぬ人と会う機会もあります。初対面の人に対して私たちはどう接するでしょうか。相手の職業的カテゴリーがわかる、自分が信頼している誰かから紹介された、というようなケースでは、初対面でも信頼可能かどうかの手がかりはあります。しかし、知らない町で道に迷ったときに通りがかりの人に道を尋ねる、などというときには既知の有益な手がかりはありません。あるいは未知の会社から有利な商取引を提案されたというようなケースも同様でしょう。さらに、自分のインターネット上の発言に対し未知の人からメールが来て議論しようと提案された、というようなケース。こうした手がかりの弱い状況では、私たちは相手が「信頼に足る」かどうかの判断を迫られます。

このようなときに、私たちには相手に対する判断の出発点となるベースラインの判断基準がある、というのが一般的信頼の考え方です（「デフォルト」の判断基準とも呼べます。第2章二九頁参照）。それは、「たいていの人は信頼できる」という前提で相手に接するのか、あるいは「人はそれほど信頼できるものではない」という前提からなのか、という接触のスタート地点の個々人の違いです。もちろん未知の他者の服装や表情やしぐさ、あるいはメールの内容や書き方のトーンなどを判断の材料として、ほんとうに大丈夫か、という判断を下すわけですが、スタートが信頼寄りなのか不信寄りなのかは最終判断を明らかに左右します。認知社会心理学で「アンカリング」と呼ばれる人間行動のバイアスです。これは判断のスタート地点がその後の判断をスタート地点寄りに引っ張るもので、まさに信頼寄りから判断を始めれば判断は信頼に傾きやすく、逆からでは不信寄りになりやすくなるのです。

このベースラインの判断基準は大きな影響をもたらします。一般的信頼の高さは個人が自分の社会関係を開放的に構築できるのか、あるいはより閉じて身近な範囲に限定するかを大きく左右するからです。開放的な関係を構築できれば、多様で異質な他者との接触が増え、そのことが新しいものの考え方を知る機会を増やしたり、意見の異なる他者への寛容性を増大させます。結果として、一般的信頼の高い人に、より社会的に多様な機会がめぐってきやすくなる。ベースラインが信頼寄りであれば多様な機会を獲得しやすくなるのです。

さらに、山岸（二〇〇八、二〇一一）が明らかにしようとしたのは、一般的信頼の高い人が単に誰でも信じやすい「お人好し」であるわけではなく、高い信頼のベースラインから出発しながらも、未知の他者が信頼できるかどうかを見抜く検知能力を発達させている、という点でした。彼はこれをソーシャル・インテリジェンスと呼び、一般的信頼と検知能力が「共進化」したのではないかと論じています。この検知能力が未知の他者に対するリスク対処可能性を高めているために、一般的な信頼が高くとも「お人好しで損をする」確率を下げるというのです（注1）。

なお、他者を信頼するかどうか判断を迫られる事態は、対人関係の中で常に生じているわけではありません。対人関係の中で相手を頼る必要も、信頼できるかいちいち判断する必要のない事態も日常的に存在しています。ただ単にコミュニケーションを楽しむときもそうです。また相手と「安心関係」にあれば信頼はとくに求められません。つまり他者がこちらに何らかのマイナスの働きかけを意図しようとしても、こちらが逆襲可能であったり相手にもマイナスが返っていくような事態（こちらが他者の行動に対してコントロール力を持っている社会的不確実性の低い事態）では、相手の行動がその都度信頼できるかどうか、悩む必要は小さくなります。

ですが一方、自分が困って相手に頼りたいという事態（相手に義務はないけれど教えてもらいたい、手伝ってほしい）や、相手とのやりとりの中で相手を信頼してこそ互いにウィン-ウィン（win-win）になれるという協力行動が有益な事態もまた、しばしば生じます。これらのケースでは他者を信頼することができるか判断する必要性が発生します。

最後に、個別的信頼や人間関係的信頼は、いま述べたような個々の信頼判断事態を越えて、信頼の対象者との間に安定した対人的関係がある状態だと言えます。

（注1）一般的信頼の高い人のほうで検知能力が高いかどうかは、議論の余地が大いにあり、実証的な反論は説得的です（ハヤシとヨサノ　二〇〇五）。

さて、安定した対人的な信頼のある他者を周囲に持つことは、社会的現実を形成する中で、対人レベル、つまり小さな制度のレベルで重要なポイントとなります。

対人レベルの社会的現実と信頼

911のテロ事件の直後、テレビに映るマンハッタンの惨状が本当に起きたことなのだ、と支える他者。彼／彼女は、あなたをだまそうとか、できごとの意味を膨大にふくれあがらせて伝えようとしているのではなく、信頼できる人がその驚きと悲しみを共有しようとしてあなたに伝えるから信頼できるのです。そうした他者との間であなたは悲惨な「状況の定義」(definition of the situation) を共有することができます。対人レベルで他者を信頼でき、他者からの情報を信頼できることが、外部から与えられた社会レベル（マスメディア）の情報の信憑性に対する不安から私たちを解放します。あるいは対人レベルで信頼できる他者の存在が、個人レベルでの判断や信念の立脚点の弱さから私たちを解放するのです。こうして対人レベルでの情報が信頼できることが社会的現実全体の支えになるのです(注2)。

そして、リアリティを共有し、他者を信頼することで、他者がもたらす情報に基づいて行動してもよいと判断したり、あるいは他者と情報を共有したことそのものが、その後の協力を可能にします。被災地に対して何か行動を起こそうと協力が始まるのは、被災の困難を他者と共有して理解した上でのことでしょう。他方で、信頼できない他者からの情報に基づいて行動することは現実的ではないでしょう。信頼と社会的現実の共有こそが、行動の出発点であり、協力をたぐり寄せるのです。同じことは制度信頼でも生じます。信頼できない政府からの情報というように。これは次節で論じるように、カテゴリー的信頼と強く結びついています。

●制度信頼

前節では対人的信頼の一つであるカテゴリー的信頼については冒頭で言及するに留まり、他の対人的信頼と同一には論じてきませんでした。その理由は、カテゴリー的信頼には際だって異なる特徴があるからです。

カテゴリー的信頼の多くのケースは社会の制度との結びつきを強く持っています。直接

(注2) もちろん、他者を信頼することと、他者からの情報を信頼することは違います。信頼している他者からデマ情報が来てもそれを信頼することが重要だというわけではありません。ここで言いたいのは、同じ情報でもそれが信頼する他者からなのかそうでないのかによってその後の判断に大きな違いが出るという点です。

の人間関係や人格に関わる人間関係的信頼・個別的信頼や、他者一般に対して想定する一般的信頼と異なり、カテゴリー的信頼の一つの例として、運転士というカテゴリーがなぜ信頼できるのか考えてみましょう。

それは、運転士を運転士たらしめている鉄道の運行の制度が背後にあり、その中で運転士が運転能力の証明である資格を取得し、制度を遵守し、制度の目的に沿った行動をしているからこそ、運転士というカテゴリーが信頼できる、という構図から成り立っています。この構図は他の対人的信頼とは異なっています。つまりカテゴリー的信頼は制度のもたらす安心の構造との組合せによって成立するのです。運転士を支える制度的安心は運転士の行動や能力を律する規律やルールや資格で構成され、その上に立って初めてクライアント（乗客）が運転士を信頼することが意味を持つように形作られているのです。運転士に対する信頼が「手ぶら」で成立しているわけではありません。

もちろん、カテゴリー的信頼の中には「お母さん」というカテゴリーに対する信頼など、制度というより「母性」というステレオタイプに準拠したカテゴリー的信頼もありますが、社会的な職業に関わる多くのカテゴリー的信頼は、いま述べたように、制度的安心に枠づけられています。

したがって、制度と結びついたカテゴリー的信頼から見えるのは、鉄道システムを支える「安心」要因とともに、その制度内で制度の目的である鉄道の運行を実行する運転士に対する対人的な「カテゴリー的信頼」がある、というペアの構図です。この構図が、社会的に受容される鉄道という存在を作り出しているのです。制度が持つこのような構図の中で生じる信頼を一般的に制度信頼（ないし制度への信頼）と呼びます。これを英語では〝institutional *trust*〟ではなくてしばしば〝institutional *confidence*〟と呼ぶように、対人的信頼（trust）とは異なる側面を有することがうかがわれます。さらに異なるのは、制度が物理的安心のあり方をも規定する点でしょう。鉄道の物理的な安全装置（物理的な安心）は誰かが勝手に作り出しているものではなくて、制度的な基準の下で安全を確保するように作成されているのです。

私たちの社会はさまざまな制度で成り立っていますから、制度への信頼も実は驚くほど多様です。交通の制度のみならず、政府という制度、裁判所などの司法制度、学校制度、警察制度などなど、国家の中心的な制度それぞれに対して制度信頼があり得るのみならず、「民間」に対しても間違いなく制度信頼は存在します。JR東日本や東京電力への信頼といった個別事業主体への信頼はもちろんのこと、鉄道システムや電力システムへの信頼という社会的インフラへの制度信頼も信頼として成立します。社会の情報インフラであるマスメディアに対する信頼も存在します。

これらはどれも、制度運用の直接の担当者に対するカテゴリー的信頼という対人的側面と、制度が作り出す安心のシステム的側面の上に成立しています。運転士の場合と同様ですが、司法制度であれば、国の三権のうち司法権を司ることが明記された日本国憲法に則った司法のルールが裁判官の行動を律するとともに、制度運用の当事者である裁判官に対してはカテゴリー的信頼が存在します。企業に対しても、企業が社会的存在である以上、たとえば東芝社員へのカテゴリー的信頼と東芝という企業に対する安心のあり方（社会的存在としての企業を律するルールを遵守する存在であること）が、東芝への制度信頼を形作ることになります。いずれの制度もペアの構図の上に制度信頼が成り立っています。

信頼と代理人

第3章の末尾で、プロはリスク対処・事態対処の代理人だ、と書きました。ここでいう「プロ」とはまさにカテゴリー的信頼の対象である人々に他なりません。鉄道の運転士は、乗客からリスクの対処を任されている存在です。乗客は電車に乗ったからといって、電車の運転で生じる何らかのリスク事態に直接対処できるわけではありません。せいぜいのところが、危ないと気がついたら自分の身を守る動作ができる程度でしょう。ところが運転士は自らが乗客すべての安全の最後の砦となるのです。飛行機事故の例にそれが典型的に見えます。一九八五年八月一二日、日航ジャンボ機一二三便の尾翼が破損した事故で、その後三〇分間も機体を浮かせていられたのは、乗客が対処したのではなく、コントロールを失った機内でパイロットがエンジン出力の操作だけで全身全霊をかけてそれを可能にしていたのです。まさに英雄的な行為でしたが、残念ながら機体は御巣鷹山に墜落してしまいました。

こうしたカテゴリー的信頼の代理構造を、一般の人々の鉄道への安全認識を説明する要因の分析によって明らかにしたのが、図7です（池田 二〇〇八）。タテ軸の値が高いほど人々の鉄道の安全認識が高いことを示します。ヨコ軸で左から下位二％、平均、上位二％の三区分で表される部分は、グラフの中に示される各要因それぞれで下位二％に位置する人、平均の人、上位二％の人が、どの程度タテ軸の安全の認識度が高いかを示します。カテゴリー的信頼の要因は、この研究では合成された指標から成っています。つまり、プロフェッショナルとしての専門性、まっとうさ（誠実さ）、透明性・オープンさ、アカウンタビリティ（安全確保のための情報提供などの説明責任）の四つの指標によって、プロフェッショナルへの信頼、つまり鉄道に関わる人々へのカテゴリー的信頼要因として合成され、その得点を用いて分析しています。そして、それが他の安全関連要因（ハードとソフトの各安心要因、社会的評判要因、トラブル頻度認知）の影響と比較検討しても、人々の鉄道の安全認識を説明する最強の要因であることが図の強い右肩上がりのグラフか

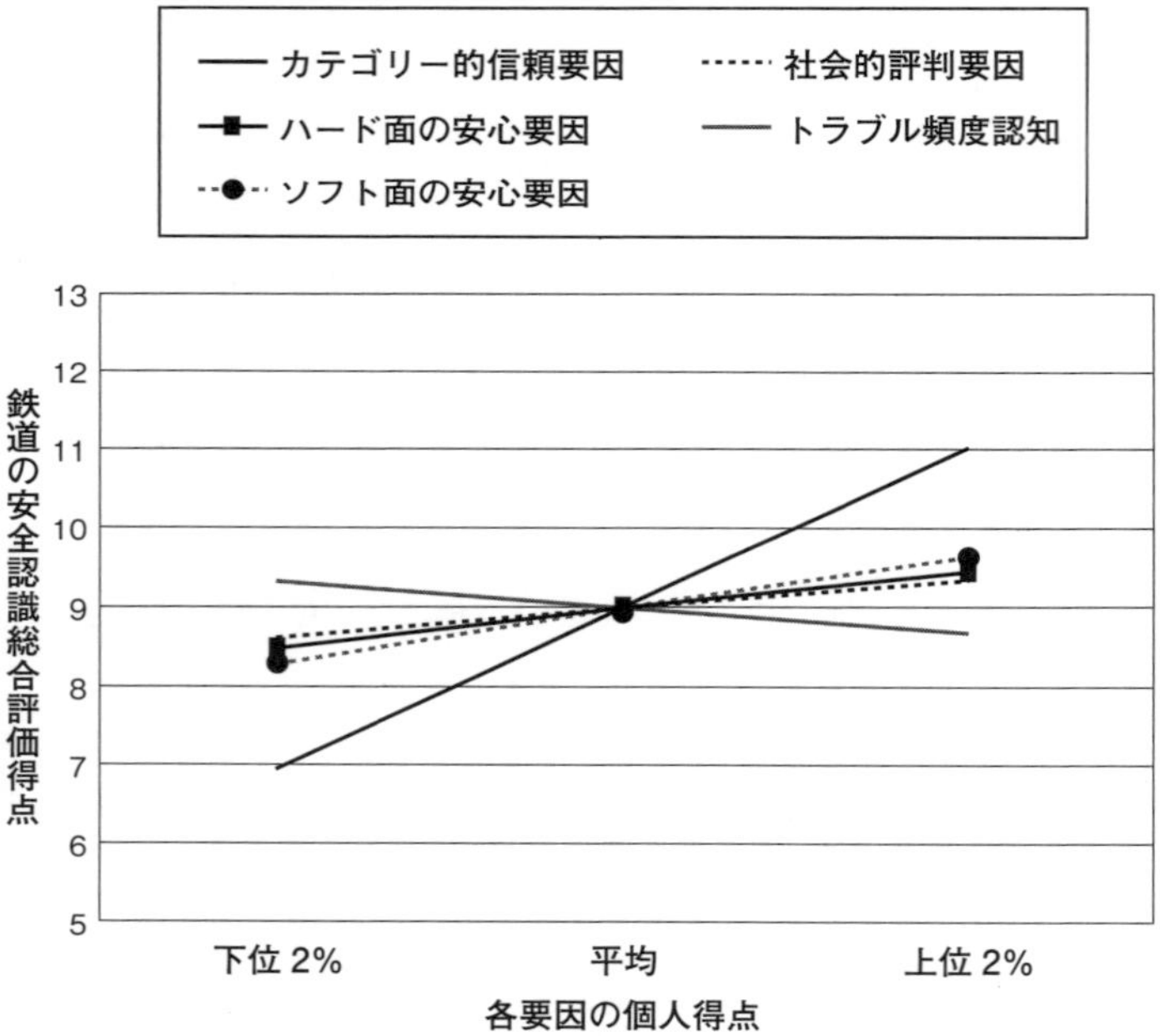

図 7　鉄道の安全要因の分析（池田，2008）

図はロバスト回帰分析の結果の事後推定。他にコントロールした要因は，リスク認知関連要因群，鉄道利用頻度，鉄道親近感，社会参加，鉄道会社勤務知人の有無，デモグラフィック要因，利用鉄道会社（JR 東日本，西武鉄道，東京メトロ）等。

ら示されています（注3）。この点をもう少し詳しく見てみましょう。

カテゴリー的信頼は、それが下位二％レベルの人ならば安全評価は七点にすぎないのに、上位二％の高い信頼を寄せる人々では一一点にまで上昇します。つまり、信頼の高低で評価は四点も異なります（最低五点、最大一三点の中で）。こうした規定力は他の要因にはありません。図の直線の傾きが右肩上がりになっているように（統計的に意味のある値でした）、ハードやソフトの安心要因、社会的評判（レピュテーション要因）にも安全評価を高める効果はありましたが、信頼の効果と比べるとかなり見劣りがします。

なお、同時に鉄道のリスクについての利用者の認識の要因も分析に用いていますが、効果が存在したのはトラブルの頻度認知程度にとどまっていました。頻度認知が高いと安全性認識が落ちることが図上、トラブル頻度認知の効果を示す直線が右肩下がりであることから明らかですが、それほど強い傾きではありませんでした。なお、同時に性別、年齢、学歴、職業などのデモグラフィック要因や鉄道の利用頻度など多岐にわたる要因を検討しましたが、信頼要因の効果を上回る要因はありませんでした。

最後に、図に記載されている社会的評判要因は、具体的には（鉄道会社が）「社会に貢

（注3）分析上考慮した他のすべての要因の効果を統制・考慮（コントロールすると言います）してもカテゴリー的信頼のインパクトが最大でした。

献している」「業績優秀である」などの評判を指標として測ったものです。こうした評判の認識が安全要因の一つの要因となっていることは図から読み取れます。評判は人々の行動をしばる（悪いことはできないという外発的動機付けを生み出す）と同時に、会社の名誉のためにがんばるといった内発的動機付けの要因にもなります。

以上、鉄道の安全を認識するのに、いかにカテゴリー的信頼が重要な位置を占め、それが鉄道を運行する人々へのリスク対処の代理人構造を支えているかを見てきました。同じような安全要因の代理構造が、あらゆるリスク対処系のシステムに存在することはほぼ自明でしょう。つまり、利用者の直接のリスク認識ではなく、パイロットであったり、原子力発電所の運転員や事業会社など、多様なシステムを動かす人々への信頼が、リスク対処の代理人への信頼として、全体の安全の認識に寄与しているのです。代理人が信頼できなければ安全の認識がひどく下がることは、福島第一原子力発電所の事故でも私たちが実感した通りです。

このことはさらに深い含意を持っています。つまり、社会の仕組みとリスクへの対処を一般化して考えられるのです。科学技術や巨大技術は、人間世界が直面する危険や不確実性に対処するためにリスク対処の代理を行うさまざまな仕組みを発達させてきました。この仕組み作りは実は、行政や政治のシステムにも当てはまることを強調したいと思います。それはまさに、行政や政治が社会の変化という不確実な状況に対する社会的なリスク対処の仕組みだからです。実際、同様の代理構造が行政に対する総合的な制度信頼に関する世論調査結果の分析で確かめられています（池田 二〇一〇a）。鉄道の場合とやや異なっていた結果は、公平性という要因が制度信頼の貢献要因として追加されていたことでした。行政や政治が特定の市民のためのものでないことを考えれば、それは自然な結果です。

制度レベルの社会的現実と制度信頼

制度信頼は、リスク対処の代理人構造と制度の安心機能という二点に依存していました。換言すれば、制度レベルの社会的現実は、代理人にリスクの対処や社会的な問題への対応をどこまで信頼して「任せられるか」、また想定外のことが生じてリスク事態を招かないための安心の確保がどこまでなされているか、の二点から発生します。両者がうまく機能していれば、制度レベルの社会的現実は盤石であり得ます。

「想定外」はめったに生じません。ですから「想定内」時に安心して頼っていた認識が想定外の事象の発生によって崩されると、その驚きは大きく、とてつもない惨事までもたらしてしまうことが起こり得ます。それは第2章の三つの想定外の事例から容易に理解できることでしょう。

想定外の事象が生じるような場合でも、代理人が信頼に耐え得るほど適切に対処できれば、制度信頼は保持されます。そして人々の安全を守るなど、制度設計が本来期待している社会的現実は守られます。つまり代理人は制度が設計した安心確保の仕組みの上で、不測事態の対処に当たります。世の中のすべてを自動化し、法令や技術だけで一〇〇％安全にはできないので、代理人の大きな役割はここにあります。

不測の問題事態が生じたときは、代理人が人々の信頼に応えて、能力を遺憾なく発揮し、ついに人々の安全を無事確保すると、この制度は適切だった、代理人は勇敢で能力に長けていた、と制度の社会的現実はさらによく受け入れられることになります。機体に想定外の不具合が生じたときのパイロットの英雄果敢な行為、死の危険を賭して住民の避難誘導をなし遂げた消防団員、こうした一つひとつの事例が制度レベルの信頼を上昇させ、制度の安全性の社会的現実を支えるのです。また、リスク事態に適切に対処した機会を多く示すほど、制度の社会的評判が上昇します。制度信頼は個々人の信頼の集積ですが、評判はその信頼を社会レベルの社会的現実に変換するのです。多くの人が共有するプラスの社会的評判が、制度信頼として現れるのです。

●制度信頼のインフォームドコンセント

ここまで、為政者やプロフェッショナルといった制度形成・維持に関わる側の人々と、制度を信頼して日々を送る一般の人々を、別個の対比的な構造の中で描いてきました。しかしここでこれから問いたいのは、制度レベルの社会的現実を維持する制度の側の人々と、その維持を頼り、信頼をするだけの一般の人々、という差異の構造がどれだけ有効か、ということです。このことは長い間問題にされませんでした。「民は依らしむべし、知らしむべからず」といった江戸時代的感覚ほど極端ではないにせよ、専門家にお任せの社会的風土は最近まで色濃く残っており、そのことが東日本大震災とその後の福島第一原子力発電所事故で図らずも露呈しています。

この対比を取り上げるならば、すぐさま浮かぶのは、一般の人々が制度レベルの社会的現実の形成に寄与する可能性はあるのか、という疑問です。この疑問は代理人に対する信頼と安心の想定がどのように設定されるべきかに関わる二つの奥の深い問題を含んでいます。第一に社会的コンセンサスの形成のあり方、そして第二に代理人はどこまで代理するのか、という問題です。これらは学問的な研究対象として未だ十分な吟味を経ていないと思われますが、だからこそ本書で検討する意義があります。

第一の社会的コンセンサスの形成問題とは、利害関係の当事者である多様な「ステイクホルダー」のどこまでがリスク対処の社会的コンセンサスの形成に関与するか、という問題です。電車の事故でとっさに乗客が関与できないことはやむを得ないものの、信頼をする側に立つステイクホルダーが代理人の対処のあり方にまで関与できるリスク事態は広範に存在します。原子力発電所の問題で言えば、都会の受益者、立地地域住民、それとは無関係でも原子力発電所のもつリスクに憂慮する多くの人々（潜在的に影響を受ける人々）、さらには株主までも含め、そうした人々のどこまでが広く原子力発電所の安全に関わるコンセンサスの形成に、どのような形で、どの時点で関与するのか、という問題が発生します。このことはまさに、安心の仕組みをソフト的・ハード的に築いていくときに、法律でルールを作りハードな安全の仕掛けを徹底させ、規律よく制度運用していくというレベルを超えた根本的な問題として存在します。安心の仕組みに合意を得る構造全体はそれでよいのか、と問うということです。

第二の問題は、代理人はただ単に代理人なのかが問われているという点にあります。すべてを背負い、あり得るリスク事態に対処する、というのは運転士の場合ではもっともなことに見えます。しかし、病気のリスク対処人である医師の治療を考えると、どうもそのような全権委任のケースばかりではない、ということが見えてきます。インフォームドコンセントという概念は全権委任ではない、ということを含意しています。

　インフォームドコンセントの形成の歴史は、「博愛主義的パターナリズム」からの変化として生じました。博愛主義は、医師の持つ「患者を助けたい」という高いモラル（＝信頼の基礎である内発的動機付け）を指し、パターナリズムは代理人がすべての決定をクライアントである患者のために決定する志向性を表します。博愛主義的パターナリズムの時代は長く、このとき患者は代理人の判断と決断にすべてお任せで、ガンの宣告すら回避されるような時代でした（注4）。

　こうした時代は終わりつつあります。患者のことは患者自身が最終決定するべきだという原理的主張、あるいは患者が医師に比べてよりよく知っている情報が確実に存在すること（自分の心理的事象や苦痛のあり方、家庭の事情など）、これらを考慮して、医師と患者は対話と情報の共有によって最適な治療方針を決定すべきだ、という主張に今の主流は移行してきています。ここには、もちろん医師の側の医療ミスへの訴訟対策だと揶揄されるような側面もありますが、本章では患者の病の社会的現実形成と病との闘いにどこまで患者自身が寄与し得るのか、患者の関与によって医療システムへの信頼がどこまで支えら

（注4）上智大学の久田満教授より示唆を受けました。記して感謝致します。

れるのかを考えましょう。まさにインフォームドコンセントは代理人の信頼にクライアントが関与する、そうした過程なのです。

シーナ・アイエンガー（二〇一〇）のインフォームドコンセントに関する知見は、リスク対処の最終判断を医師が患者に投げつけて終わりにするのがインフォームドコンセントの本質ではないことを、明らかにしています。医療のプロではない患者やその家族は、決定において医師と対等とされた場合に、非常に高いストレスを経験します。たとえば脳死の患者の臓器移植手術に同意する患者家族という例を考えても明白です。このようなときに、医師がリスク対処の代理人として果たす役割のあり方によって、患者／患者側の選択のストレスが低減できることを彼女は明らかにしたのです。重い責任を患者に投げてしまうのではなく、患者の現状についての医療的情報に基づけば医師の立場からはこういう判断をする、と患者に伝えるのです。こうして、患者の側に異議申し立ての意思はあるのかを問いかけつつも、医師の見解を中心に最終的な判断を行うことで、患者は決定の最終責任の重さを軽減できるのです。

こうした役割のあり方は、信頼の持つ代理人構造からは理解しやすい知見です。ポイントは、医師は信頼されない限り、その助言は有効でなく、「コンセント」にならない、ということです。医師が何か隠している、丁寧でわかりやすい説明をしてくれない、他の目的のために患者を説得しようとしている（研究目的や訴訟回避など）と認識されてしまえば、信頼は成立しません。まさに鉄道の運転士への信頼の内実で見たのと同様の構造がここにもあります。信頼が成立してこそインフォームドコンセントであり、また、それでこそ代理人が責任遂行できる構造が有効たり得るのです。

原子力発電所の運転の可否にも同様の構造を求めることが可能でしょう。つまり発電所の運転に対するインフォームドコンセント、という視点です。ここでも専門家の判断自体は不可欠ですが、（官僚も含めた）博愛主義的なパターナリズムは、もはや妥当ではありません。そして専門家の助言を受けながら、専門家以外のステイクホルダーがコンセンサスに広く関与する必要がある。このときに、専門家が、ステイクホルダーに奉仕することを疑われたり、「上から目線」であったり、「しろうと理論」的にも理解しやすく説明する説明能力（アカウンタビリティ）に疑問がついたり、さらには重要な情報を隠している、などとステイクホルダーに推測されてしまうと、信頼が成立せず、専門家の助言の構図は崩れてしまいます。信頼を得ながら、代理人役割をどこまで果たせるのか、それが関わるのです。

第3章の後半で、巨大システムのブラックボックス化の持つ意味を語り、それに対してブラックボックスを巨大な黒いハコとして放置せずに、システムの設計にあたっては想定外の事象が生じても現象の流れを把握して、必要な判断をなし得る「決定支援」(decision aid) 的な仕組みが必要であると述べました。

では、もっと社会的な制度に関わるブラックボックスではどうでしょうか。制度がブラックボックス化してしまっていればいるほど、専門的な知識や理解を踏まえたという意味での「インフォームド」な合意形成をどのように可能にするか、という問題は大きくなります。現代では社会的な制度のブラックボックス化は広く進展していると考えられていますから、この問題は広範に存在します。

ブラックボックス時代のインフォームドコンセント

ブラックボックス時代のインフォームドコンセントとは何でしょうか。

ブラックボックス化した航空機の操縦のケースではリスク対処の代理人たるパイロットの決定支援が対応の焦点でしたから、リスクに直接対応する際のサポート問題となりますが、社会的な制度では焦点はむしろ、社会的な決定のブラックボックス化をいかにして防ぐか、になるでしょう。

二〇一二年夏の日本の原子力発電所の再稼働問題は、ブラックボックス化の闇を埋めつつ、さらにインフォームドコンセントは可能かという問題の典型例でした。発電所自体の安心システムには（法令的なソフトウェアから物理的な設備の安心に関するハードウェアまで）再考の余地があり、電力会社の運転に対する信頼にインフォームドコンセントが意識される中で、安心システムがどこまで再考されたかには大いに疑問の余地がありました。そして喧伝された盛夏の電力量の不足はどこまであり得る事態なのか、原子力発電所の再稼働は不慮の事態に対してどの程度まで安全なのか、など多くの事柄でインフォームドコンセントが不十分であったと言ってもよいでしょう。

また誰がステイクホルダーであるかについて、たとえば関西電力の大飯原子力発電所の再稼働の可否について、京都府や大阪府、滋賀県まで関与し得るのか、議論を呼びました。さらに一般の市民が関与と発言を求めてデモが各地で繰り返されました。ステイクホルダーの範囲が疑問視されていたのです。この年の夏までに再稼働を決定せざるを得なかったという時間不足を理由にした弁解もありましたが、そうであれば秋になって稼働を停止し、改めて議論をすべきだったと思われます。

この事例からの重要な示唆は、安心システムの制御を、できあがってしまったもの、決定済みで動かせないものとして隠さず、制度再考の余地を残すこと、専門家がブラックボックス化したシステムの制御を独占せず、代理人への信頼のあり方をブラックボックス化してしまわず（完全にお任せにしない）インフォームドコンセントを進めるべきこと、さらにインフォームドコンセントの中でステイクホルダーの関与の仕組み自体を可視化する（誰が関与すべきなのかについてもコンセンサスを得る）こと、そうした仕組みの必要性です。

なお、医療などの場合でも、患者と医師だけの間の決定なので社会的なコンセンサスが問題でないかと言えば、そうではないでしょう。臓器移植法への賛否など法令レベル（安心関連の基準設定）で考えれば、これも社会的な決定であり、そこで設けられる基準がブラックボックス化してよいわけではありません。その点では、ブラックボックスの社会的なコンセンサスの問題は裾野が広いのです。

こうした構造の中で、すでに述べてきた代理人構造と信頼との関わりが、改めて重要になります。つまり、信頼を支える透明性やアカウンタビリティ、専門性、公正さなどをいかに確保するかです。

ブラックボックスの持つリスクの大きさはブラックボックスだからこそ不透明であり、また公正かどうかの判断を難しくします。関与するステイクホルダーの範囲とプロセスの公正さについても、議論は絶えません。「中長期的なエネルギー政策に関する政府主催の意見聴取」が二〇一二年夏には日本の各地で開催されました。その中で、原子力発電の維持側は福島の事故で誰も直接的には死亡していないと言い張り、脱原発側はリスクを将来の世代に残すなと訴えるほど、対立は先鋭化しています。意見聴取会において抽選によって発言権を得た市民の中に電力会社の社員がいて紛糾しました。果たして当事者でもある電力会社社員の発言を許容することは公正でしょうか。原子力発電所の再稼働について当事者が発言することは適切でないという考えがある一方で、彼らの市民としての発言する権利を否定し、意思決定のシステムから体系的に排除することが適切かと問われれば、判断は難しいでしょう。これらの問題に明快な結論は出ていません。すべてのステイクホルダーが関与し、その関与を可視化することの重要性に鑑みれば、彼らもまた発言する権利はあると思われます。しかし、ステイクホルダー全体の中の応分の発言権か、と問われれば、過剰代表にも見えます。

●信頼の価値共有モデル

本章で最後に注目したいのは、信頼と価値観の関係です。リスクマネジメントに際し、リスク管理の直接の管理機関たる代理人とリスクを委ねる人々との間に価値の共有度が高いときに、信頼は有効に作用するという「価値の共有」の理論はこのことに焦点を当てています。

中谷内とスベトコビッチ（二〇〇八）の信頼の価値共有モデル（ＳＶＳモデル：Salient Value Similarity model）の研究では、具体的には「遺伝子組み換え技術による花粉症緩和米」についての認可をめぐる厚生労働省や農林水産省に対する信頼を対象とし、その信頼を支える要因を検討したものでした。そこで見出されたのは、公正要因が重要であると同時に、これら省庁の担当者と調査の回答者（一般の市民）との間に価値の類似性を認めるかどうかという認識が重要だった、という知見です。ここでは価値の類似性は、「あなたがこの問題を考えるにあたって重要視することがらと、それぞれの組織が重要視するだろうと思われることがらとは、どれくらい一致しますか」によって測定されました。そして、認可のリスクを判断する代理人である省庁との間に価値を共有することが、彼らを代理人として許容するポイントだったことが明らかになりました。表5に見るように、価値類似性要因と公正さの要因が一貫して信頼を高めていることがわかります。価値が類似していると認め、一致度を高く認識することに効果があり、それはとくに価値が明確な人々、つまりこの問題に関心の高い人々でとくにその傾向が強いことがわかります。

リスク管理機関はしばしば自らの管理能力を強調しますが、一般の市民はそうした能力の評価（本章「信頼と安心」の節でも出てきました）の重要性よりも価値の共有を信頼の

表5　関心の高さごとにみた価値類似性，公正さ，能力評価と信頼との関係（中谷内とスベトコビッチ，2008）

			説明変数		
		自由度調整	価値類似性	公正さ	能力
	決定係数	済み決定係	標準化	標準化	標準化
従属変数	R2	数 R*2	偏回帰係数	偏回帰係数	偏回帰係数
高関心群 ($n=150$)					
厚労省信頼	0.43	0.42	0.41***	0.25**	0.18*
農水省信頼	0.39	0.37	0.32***	0.34***	0.11
低関心群 ($n=113$)					
厚労省信頼	0.40	0.39	0.28***	0.35***	0.18†
農水省信頼	0.33	0.32	0.19*	0.37***	0.15

統計的有意水準の表示：$^{\dagger}p<.10$，$^{*}p<.05$，$^{**}p<.01$，$^{***}p<.001$。

ポイントとして重要視したのでした。表の数値を見ても、説明力の指標である標準化偏回帰係数の大きさについてすべて価値類似性や公正さのほうが能力要因よりも勝ることを示しています。

より一般的に見て、日本の政府の信頼の低さが、市民と価値の共有ができていないことに由来するのであれば、問題は深刻です。ポーランドの信頼研究者であるストンプカ（一九九九）は、「モラル・コミュニティ」の語でこうした価値の共有の重要性を指摘しています。つまり「われわれ」と感じられるモラル・コミュニティの範囲の中で信頼はよく機能する、ということです。

●まとめ——信頼の守備範囲

本章では、信頼の基本構造から説き起こし、とりわけ制度信頼と代理人構造の重要性を示してきました。ルールや規則によって制度化された安心の仕組み、エンジニアリングによって確保された物理的な安心の仕組みだけで、私たちの社会はうまく回転できているのではありません。安心の「全自動」で列車の運行が完遂されるのではなく、安全に運行できることを倫理的な使命とする運転士が必要とされます。同様に、社会のシステムもまた、世の中の変化に応じて、システムの各所で人々が望む価値に沿った運営者を必要としています。列車の安全性とは異なり、「人々の望む価値」はしばしば漠然としています。「公正な行政」「適正な利益を上げる企業」といったように、人によって判断が異なり得るほどの曖昧さを伴っています。しかし、望まれる価値の追求から逸脱する運営者の信頼が失墜することは容易に観察されます。輸血によるエイズ感染リスクの軽視、建築構造物設計の手抜きの隠匿、原子力発電所の非常事態対応想定の甘い見積もり、といった事態がもたらした信頼の失墜を、日本人は二〇世紀末からいやというほど見てきました。ですから、安心のみならず信頼の重要性は理解しやすいことでしょう。そして、信頼あってこそ制度の運営者を（事態対処の）代理人として私たちは身を預けることができるのです。

社会のブラックボックス化と複雑化にもかかわらず制度の信頼を確保できるためには、近年ではインフォームドコンセント的な仕組みが重視されるようになってきています。さらに最後でふれましたが、信頼や代理人の構造は、信頼する側と信頼される側の価値の共有に依存している側面があります。逆に言えば、共有しない人々の間で信頼が成り立ちにくいのだとしたら、問題は深刻になり得ます。共有という条件が満たされないと信頼に到達できず、社会が機能しなくなる、という可能性です。そこまで社会はもろくできているのでしょうか。

次章では、集団の中で信頼を構築する接点を探り、価値の共有が困難なようなケースでも、社会が先に進める仕組みを検討します。まず互酬性が果たす重要な社会的機能を見ていきます。次章後半では、そもそもコンセンサスを難しくしていた意見や信念の相違を乗り越えるための研究を検討し、集団の中での相違が何をもたらすか、そこで社会的現実は共有されるのか、異質な他者のいる世界がもたらす不安定さと本質的な豊かさとを見ていくことにしましょう。

5・異質な他者のいる世界

本章では、信頼以外に社会を構築していく仕組みを探り、また第4章での信頼や価値の類似性の議論で暗黙のうちに含意されていた「異質な他者」の存在が持つ社会的な意味合いを検討していきます。社会の中の異質さは、価値の差異によるのみならず、性別や年齢など多様に存在しています。この異質さが集団やネットワークの中でどのような役割を果たしているか、吟味を進めていきましょう。

第4章では、信頼の重要性と、信頼を成り立たせる複合的な要因を詳しく見てきました。しかし、社会が信頼だけを重要な接着剤として回転しているのだとしたら、それはたいへんに危険だと考えられないでしょうか。信頼が崩れれば社会もたやすく崩れてしまうような世界に、私たちは住んでいるのでしょうか。信頼が崩壊してしまえば力の論理に支配された抑圧に満ちた世界になってしまうのでしょうか。

まず、他者に対して信頼の低い人は少なくない、という調査結果を確認しましょう。後述の図9でふれますが、半数以上の人々は一般的信頼の質問に否定的に答えています。山岸（一九九八）は一般的信頼の高い人は信頼できる人を見抜けるという信頼検知能力の重要性を強調し、それが一般的信頼の高さと共進化してきたと主張しています。しかし、敏感な社会的検知能力の高い人だけが信頼可能な他者を見分け、信頼の果実を得る、というだけで社会は回転していくのでしょうか。もしそれが事実だとしたら、一般的信頼の低い人や社会的検知能力の弱い多くの人々は未知の人を永久に信頼できなくなります。あるいは彼らはごまかされ、だまされて浮かぶ瀬もありません。狭くて身近な対人的ネットワークの中にだけ留まって、彼らは暮らさざるを得ないのでしょうか。

現実社会はどう考えてもそんな極端な状態ではありません。つまり何かが信頼の低さを補っているのです。ではそれは何か。本章の前半では信頼の低さを補う仕組みとして「互酬性」という概念を起点にして検討します。「お互い様」や「情けは人のためならず」という言葉に象徴される互酬性が、どのように信頼の編み目のほつれを補うのか、見ていきます。

本章の後半では、信頼の成立を促進していた価値の類似性の議論の逆を行き、類似性ならぬ異質性に注目します。集団やソーシャル・ネットワークの中の人々の差異＝異質性に注目します。人々が互いに異質性が高いと認識してしまうと、価値の類似性を仮定しにくくなるはずです。そのとき何が起きるでしょうか。

ここで問題となる異質性は多様です。人種や年齢、性などの身体的な特徴のみならず、社会的な価値、ライフスタイルや政治志向が異なる、という場合もあるでしょう。あるいは、日頃接している情報が異なる、所属している集団やグループが異なる、などの異質さもあります。社会の中は異質性に満ちています。その異質性のことごとくが価値の類似性を否定するのであれば、第4章末で論じた価値の共有の論理はうまく成り立たないでしょう。また、違う、ということを理由に互いが協力しないのであれば、社会は統合性を欠いてしまうでしょう。では、異質性は何をもたらすのか、異質な人々はどのように出会い、何を生み出すのか、また異質な他者は互いに類似したリアリティを共有できるのか。これは興味深い問題です。以下では異質な他者間のコミュニケーションや討論の可能性という視点から見ていきましょう(注1)。

先に結論を述べるならば、本章で強調したいのは異質な他者間の討論・議論の社会的な重要性であり、その質の確保の必要性です。それらが可能にならなければ社会は合意によるる統合の機会を失ってしまいます。どのような社会的・文化的条件がこれを可能とするのかを考察したいと思います。そしてマイナス要因としての上下関係やパターナリズムにつ

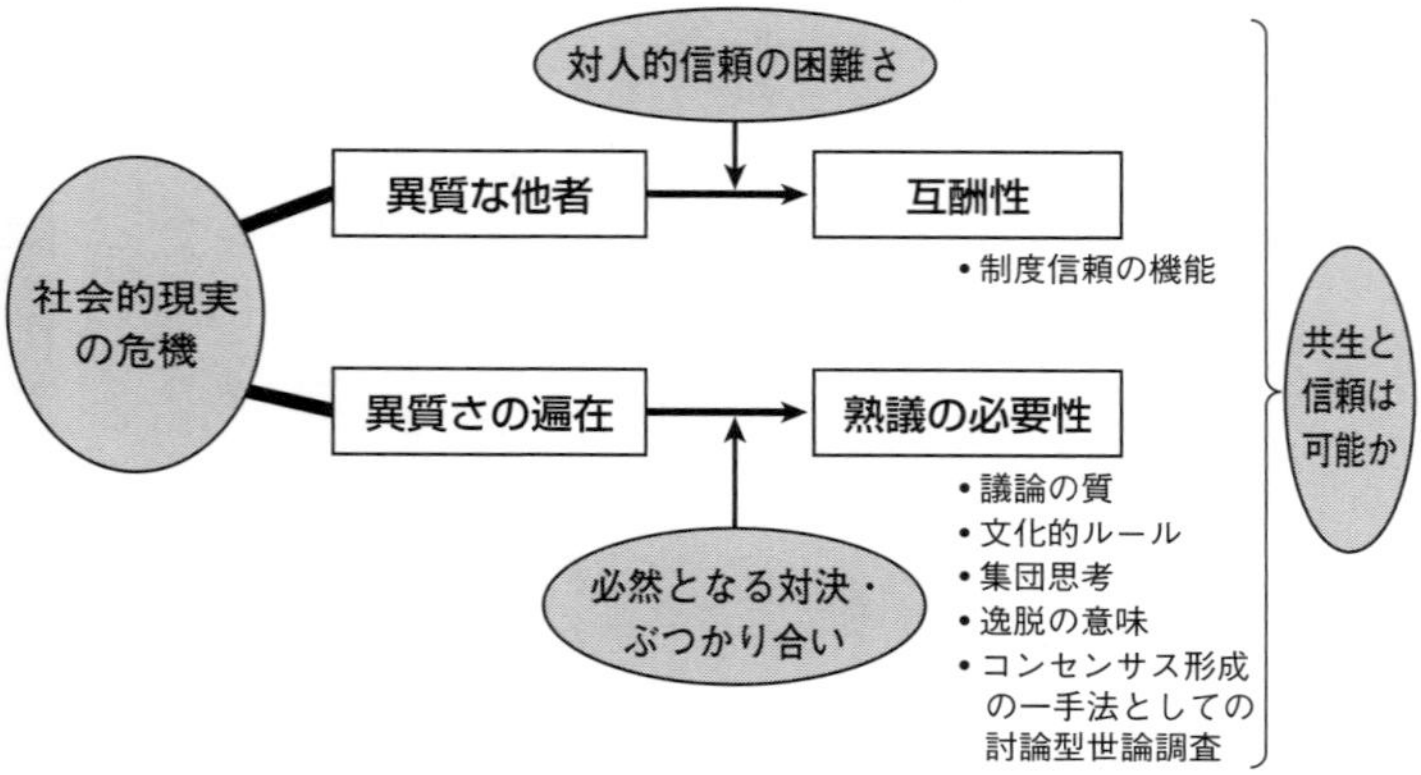

図８　本章の全体の構図

いても論じられていきます。

章の最後では、集団が異質性を抑圧し、意見一致を求めすぎるときに何が生じるか、また異質性は集団や社会を変えていく力があるのか、議論し、異質性の中で社会的現実を構築する困難さにもふれた上で、コンセンサス形成の手法を考察します。

本章の全体の構図をまとめると、図８のようになります。社会的現実の危機としての異質さに、私たちはどう立ち向かい、どんな困難を抱えているのか、その全体像を概括してみました。

●信頼と互酬性

価値の類似性を高めることが信頼を促進するという、前章で見た知見は、一見明るい兆しのように見えます。制度や人を信頼できるためには、価値の類似性を追求することが一つの筋道となる、ということが見通せるからです。人々は互いの価値の類似性を相照らし、話し合うことで信頼を高めることができます。また制度を運営する人々の価値が一般の市民と類似するように制度を飼い慣らせば、信頼問題は改善されるはずです。

そこまではよいのですが、しかし、未知の他者との遭遇を想起すれば推測できるように、

（注1）ここで「異質性」を取り上げ、類似した「多様性」を主たる検討対象としないのは、多様性概念では社会的対立が見えにくいからです。多様な意見や情報は有益で視野を広げるものであっても、社会的な意思決定に収斂させるときは、結果として多様さを許容するのではなく、それらを統合した決断をせざるを得なくなります。このときに生ずるのは対立する党派（意見）間を乗り越える決断であり、そこには党派や意見の相違、つまり異質なるものの間の対決がありま す。つまり本章のテーマには、社会的な意思決定、換言すれば社会的な同意の獲得過程が含まれるため、異質性に焦点を当てるのです。本章でふれていきたいのはこの点です。

知らない人と自分の価値が類似しているかどうかの推測は困難で、そんな場合には価値の類似性の効果は生じないでしょう。では、未知の人々との遭遇時にとり得る対策は、山岸の議論のように一般的信頼のみでしょうか。また、世の中には価値の類似性をどうしても期待できない他者の存在を、私たちは回避できないでしょう。そんなとき、私たちは「お手上げ」でよいのでしょうか。

インターネット上の互酬性は低信頼を救う

他者と価値の共有が仮定できない、そして信頼できるかどうかも的確に判断できない、という困難な事態の中で、他者と社会的現実を共有できる世界を作り上げ、直面する問題の解決へとアプローチできるのか。このことは実は、インターネットの世界では私たちは日々見ています。そこで次に、インターネット世界に目を転じ、信頼を補完する「互酬性」の役割を強調します。

まず次の図9を検討しましょう。これは私たちの二〇一二年一〇月のインターネットの全国調査の結果です。ここで、現実のリアル世界とインターネットの世界での信頼を尋ねると、見ての通り、（リアル世界の）「ほとんどの人は信頼できる」に多かれ少なかれ肯定的な人は四割近くいます。また信頼できる人の検知能力に関する回答（「信頼できる人と

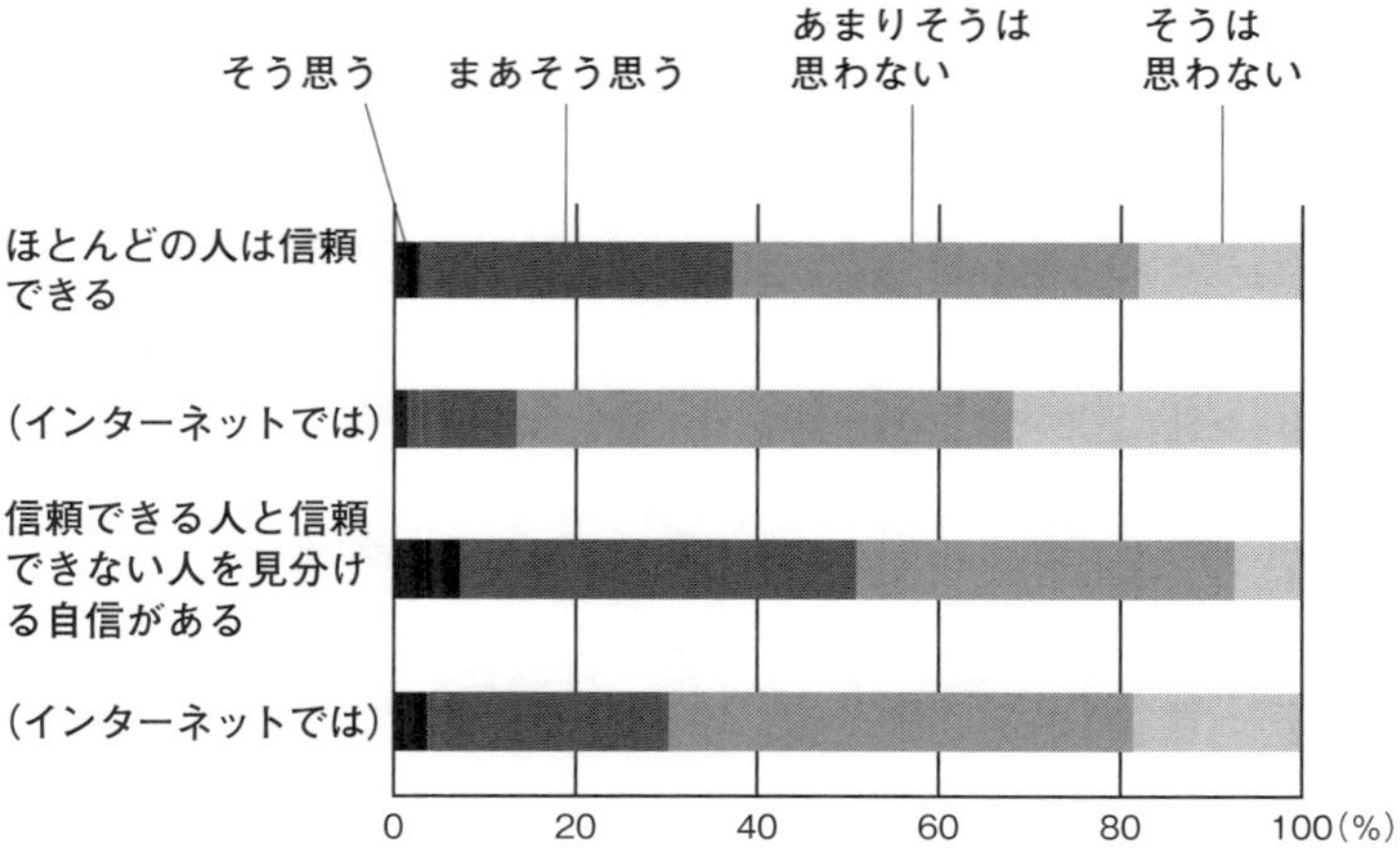

図9　インターネットの内／外の信頼（2012年池田研究室調査）

信頼できない人を見分ける自信がある」）でも、リアル世界では過半数が自信を示しています。ところが、それぞれの項目のすぐ下に（「（インターネットでは）」と）示したように、「インターネットではほとんどの人が信頼できる」や、インターネットでの自らの検知能力の自信となると、率がすとんと落ちるのが確認できます。インターネットは誰も信頼できない、誰が信頼できるか見抜けない怖い世界だ、と思う強い傾向が見て取れます。

この結果を見れば、第4章で述べた信頼の価値はインターネットでは発揮できない、と結論づけるしかな

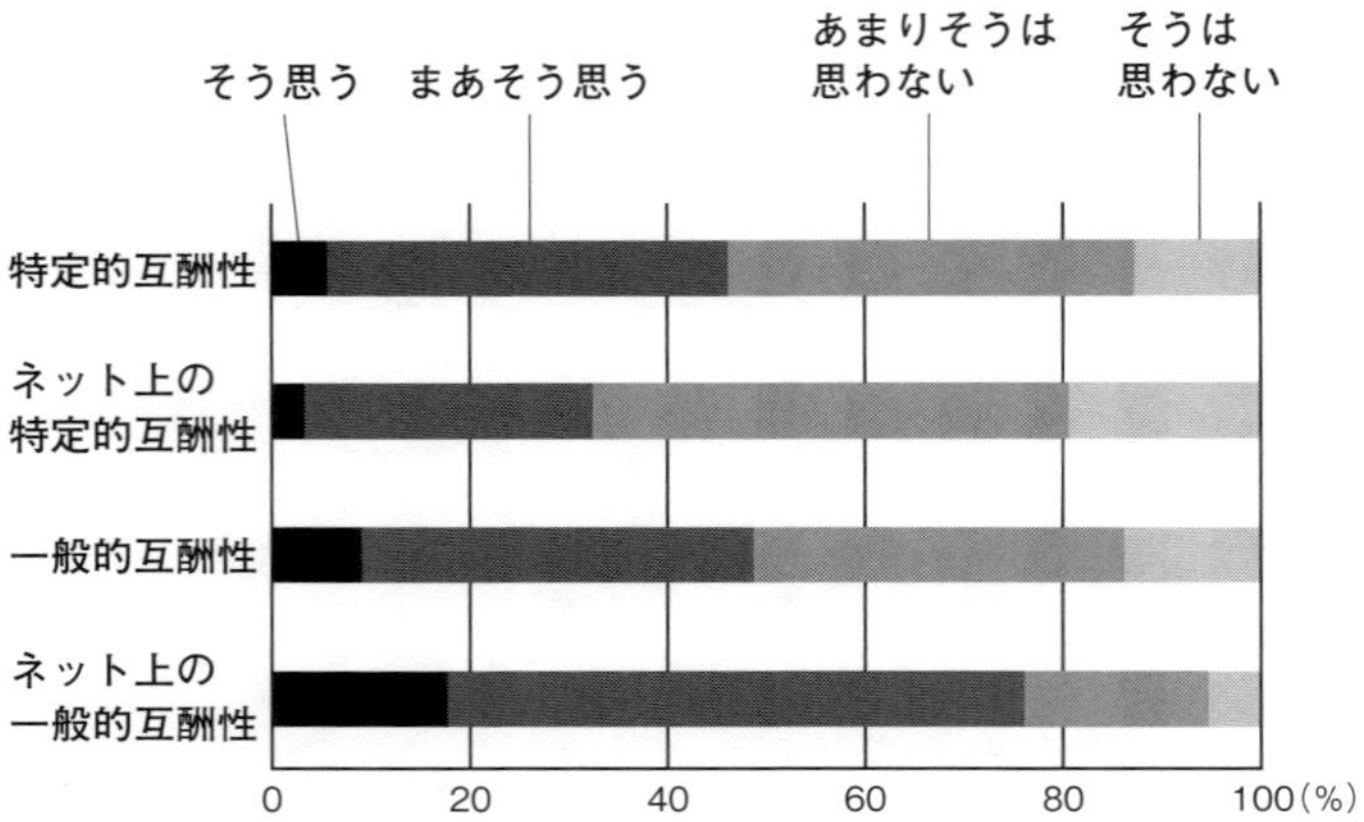

図10　インターネットの内／外の互酬性（2012年池田研究室調査）

いかもしれません。しかし実際には、インターネット世界は人々が相互不信で互いが互いを傷つけあう世界ではありません。もしそのような世界なら、インターネット上で日常的に多くの人が参加し、意見をつぶやいたり、助け合ったり、生活そのものを見せ合ったりすることはあり得ません。

次の図10を見てください。これは「互酬性」について質問した結果です。「人を助ければ、いずれその人から助けてもらえる」「人を助ければ、今度は自分が困っているときに誰かが助けてくれるように世の中はできている」はそれぞれ、特定的互酬性、一般的互酬性と呼ばれます。前者は「お互い様」という言葉によく表され、後者は「情けは人のためならず」の語で古くから知られています。利己的でない、他者志向的な自分のポジティブな行為や言葉が（向社会的行動(prosocial behavior)とも呼ばれます）、直接的にお返しのような形で戻るときに人々は「お互い様」と言います。また、回り回って自分が苦しいときにこそ自分が助けを受けられるのだから、いま誰かを助けるのを惜しむな、と言うときに「情けは……」と人は語るのです。データから見えるように、リアル世界の特定的互酬性は五割をやや切る程度、リアル世界の一般的互酬性も同程度、一般的信頼をやや上回る支持の高さを見せています。

一方、インターネット上での特定的互酬性は、リアル世界の特定的互酬性よりも低めであるものの、インターネット世界の一般的互酬性は驚くほど高いのです。つまり、「インターネット上で人から親切にしてもらった場合、自分もインターネット上で他の人に親切にしようという気持ちになる」という問いに対しては、四人のうち三人もの人が肯定的に考えています(注2)。

(注2) なおこのデータは、ネットユーザー特有もしくはネット調査回答者に特有のパターンではありません。二〇〇二年に同じ設問を山梨県の成人無作為抽出サンプルを対象に調査したところ、基本的に同パターンの回答が得られています（池田二〇〇四、二一八～二一九頁）。

この結果は、人々を社会へと開くのは、一般的信頼の高さや価値の共有だけではないのではないか、という疑問につながります。そこには、互酬性という導きの要因がありそうです。

インターネットの互酬性の構造的要因

インターネット上の一般的互酬性が高く認識される理由は、互酬的なやりとりは可視的で認識できるが、信頼する行為はネットユーザーのこころの中にしかない、つまり見えない、ということに尽きます。たとえば「質問サイト」を考えてみるとわかりやすいでしょう。「ヤフー知恵袋」や「人力検索はてな」などの質問サイトでは、知りたい、尋ねたいことを質問すると間髪を入れずに回答が返ってきて、おかげでたちまち問題解決、というできごとが日常的に生じています。パソコンの周辺機器の故障について質問したらすぐに解決した、メーカーのQ&Aサイトに行くよりもはるかに効率的だった、というような賞賛がよく投げかけられています。困っている人を誰かがすぐに助け、それが効率よく回転していることがうかがわれます。一方、名答した人がどれだけ報われるかといえば、多少のポイントがついて社会的評判が上がる程度です。ここには古くから「知のボランタリズム」と名付けられたような助け合いの精神がはっきりと見て取れます。それも、知り合いどうしが助け合っているわけではないのですから、これは一般的互酬性の世界です。

このボランタリズムは、質問をしたその人のみならず、このサイトを訪れる多くの人に強い印象を与えます。「こんなにも多数の人が関わっている」「こんなにも多くの人がほとんど無償で、すばらしい助け合いをしている」、と。

ボランタリズムの印象の鮮明さは、インターネットでは記録が見え続ける、という点によって強化されています。確かにインターネットでは罵詈雑言や人をだますようなやりとりも残っています。それがインターネット世界の一般的信頼の低さを印象づけているのかもしれません。他方、質問サイトの例に見るように、互酬的なやりとりもまた膨大な記録として残ります。しかも「ベストアンサー」はサイト上目立つ形で提示され、美しき互酬性の印象は強くなります。つまり過去の互酬的なやりとりを効果的に「ライトアップ」することで、当のサイトの互酬性が明らかに「見える化」されるのです。罵詈雑言でも「祭り」と呼ばれ、一時的な注目を集めることはありますが、こちらはシステムの設計上の意図でなされるものではない点が、大きく異なります。

互酬性のライトアップは強力なフィードバックを生み出します。仮にサイトを訪れる千人に一人でも誰かを助け、見事な答えを出す人がいれば、それは賞賛され、目立つように提示されます。換言すれば、残りの九九九人までが利己的な人であっても、たとえ一人でも互酬的な行動をとる人がいればそのサイトは互酬性の世界に見えるのです。さらに言えば、十人に一人もの人たちが互酬的に振る舞えば、サイトは書き込みの殺到でつぶれてしまうでしょう。だからごくわずかの人の互酬的な行動でサイトは十分互酬的に見えるのです。さらに人々はインターネットに互酬性を期待するようになり、積極的に質問を投げかけ、それがふたたび誰かの互酬的行動を引き出す、というように、プラスのフィードバックが働き、互酬性の印象はさらに強まるのです。これはけっして「やらせ」でも「(大げさに)盛る」行為でもありません。インターフェイスがもたらす構造上の美点です。

もう少しまとめましょう。互酬性は相互評価的な仕組みです。価値ある情報は価値あると相互的に評価され、価値ある情報を出すことで評価されたいとする動機(知のボランタリズム)につながります。それは相互評価による社会的な賞賛・報酬、つまり社会的評判の蓄積を可能にします。この社会的評判の蓄積を通じて、互酬性が明らかに見えるところでは、信頼できない人々の情報発信や信頼できない情報の提示が抑制されます。サイトによってはモデレータが関与して、さらに信頼可能な情報を効率よく確保するサイトもあります。こうして信頼できる情報の蓄積がなされていきます。

このプラスのフィードバックの蓄積が、互酬性のメカニズムです。ここでは互酬的な行動が社会的現実として機能し、それが規範化することで、互酬性の世界に人々が関与していけるのです。たとえ一般的信頼が低くても、他者との交流をうまく促進する仕組みだと言えるでしょう。さらに、蓄積され、期待される互酬性の延長上に、他者に対して信頼できるという期待感＝信頼が育まれ得る可能性も見て取れます。集団の運営への参加の相互性（互酬性）が結果として相互の信頼を生み、信頼はさらに参加を招くという、ポジティブな信頼のシグナルのフィードバックがうまくループとなって相互信頼が高まる、という期待です。ここでこれを可能にしているのはフィードバックを可能にするインターネットサイトの仕組み、つまり制度設計だということにも着目しておきましょう。

インターネットの互酬性はオンラインゲームでも

オンラインゲームの世界でも互酬性のメカニズムが機能しています。筆者らが行った二〇〇四年の日韓比較調査の分析を紹介しましょう（イケダ 二〇〇四）。当時、韓国発のオンラインゲーム「リネージュ」は韓国でユーザー数三〇〇万人、日本では三〇万人の規模を誇っていました。このゲームでは多くの参加者は「クラン」というチームを組んで、怪物と戦ったり攻城戦をするなどのできごとに関わります。チームは協同作業の場であり、その作業の中で互いの人生を語り合うような「戦友」になっていきます。利用者をランダムサンプリングして行った満足度の調査結果を見ましょう（表6）。

表6　日韓リネージュの満足度（Ikeda, 2004）

従属変数→	日本データ リネージュ満足度 モデル1	モデル2	韓国データ リネージュ満足度 モデル1	モデル2
リネージュ総プレイ時間	−0.02	−0.02	−0.01	−0.01
リネージュ内一般的信頼	0.11*	0.05	0.43***	0.34***
リネージュ内一般的互酬性	−	0.27***	−	0.22***
性別	0.20	0.12	0.42†	0.42
既婚	−0.06	−0.10	−0.15	−0.15
大学卒	−0.19	−0.15	−0.60†	−0.55**
高校卒	−0.15	−0.16	−0.19**	−0.16
有職者	0.03	0.00	0.39**	0.37**
N	755	755	1272	1272

統計的有意水準の表示：†10%，*5%，**1%，***0.1%。
信頼と互酬性の相関は，日本で0.27，韓国で0.40であった。

この分析では、ユーザーの社会的属性とリネージュ世界での滞在時間要因の影響を排除した上でリネージュ内の一般的信頼と一般的互酬性の効果を、日韓で比較検討しています。分析の方法は順序ロジット分析というもので、四点満点のリネージュ満足度を説明しようとする分析です。たとえば「リネージュ内一般的信頼」が最大と最低の人々との間で、四点満点のリネージュ満足度のうちの何点の差異をもたらすかを推定します。最大の人は満足度三・五だが、最低なら一・一、平均的な人は二・三というように算出します。表に出された数値（係数）の横の＊はそうした差異が統計的に意味がある差異であるかを示す目印です。

日本データのモデル1ではリネージュ内一般的信頼がリネージュの満足度にプラスに貢献していることがわかります。ところがモデル2でリネージュ内一般的互酬性の要因を検討に加えると、一般的信頼の効果が消えるのです。これは、日本では互酬性が機能して信頼の効果が可能になっていることを示しています。かたや韓国では、一般的信頼も一般的互酬性も、ともに独立してリネージュ満足度に貢献しているようです。いずれの場合も、日々のゲーム上のできごとの中で、お互い様の助け合いを繰り返すことが、リネージュ世界の一般的互酬性への期待を高め、それが仲間への満足につながっていることが見て取れます。ことに日本ではそれが顕著に見て取れます。

インターネットは、信頼が低いために監視を強化し、悪意ある人の取り締まりによって安心の場所を提供する、という発想だけの世界ではありません。ここで見てきたように、互酬性によってポジティブなフィードバックが働く世界になっているのです。もちろん、悪意が介入する余地はあり、それに対して評判の蓄積、ルール、罰則、サイトの設計の仕方や場合によっては匿名性排除などの工夫によってサンクション可能とするなどの安心の仕組みが別途用意される必要があるでしょう（注3）。これらが互酬性と相まって、インターネット世界は住むに値するところだという社会的現実が形成されており、ユーザーはそれに惹きつけられているのです。

いま言及したインターネットの安心の仕組みから、ここにはインターネットに対する制度信頼が関わることがわかることと思います。前章で見たように制度信頼とは制度を支えるルール的な安心の構造とカテゴリー的信頼で成り立っています。ですから、インターネットの安心の仕組みの運営にはカテゴリー的信頼が伴っているはずです。これはまさにインターネットのサイトやアプリケーションの運営当事者への信頼に他なりません。このことが意味するのは、インターネットの互酬性の構造を作り出している仕組みに対する制度信頼がなくては、いま見てきた互酬性は成立しないことを意味しています。誤解がないよう明示的に述べれば、「インターネットで信頼が低い」という調査データは、インターネット上で相互交流する他者との間での対人的な信頼を指していました。かたやここで言及しているのは、インターネットの仕組みを支える制度信頼です。

実は、この制度信頼それ自体、不信の対象となり、互酬性が危うくなることがあり得ます。典型的なのは二〇一二年始め頃に話題となった口コミサイトでの「ステルス・マーケティング」です。互酬性ある口コミとして書き込まれたお店の案内が、実はお店側で集客のために「やらせ」で好意的なレビューを書かせていた、ということが露見した事件でした。ここで生じた猛烈な口コミサイト批判は、明らかに制度信頼に対して向けられたものでした。サイトが利用者第一になっておらず、運営者のカテゴリー的信頼が問われたのです。口コミサイトからの弁明は、利用者第一で「やらせ」情報を徹底的に排除しているので安堵してサイトを利用してほしい、というものでした。このやらせ問題はインターネットサイトの互酬性の基盤にある、制度信頼の存在をよく示しています。

リアル世界における互酬性とその敷居の低さ

価値の共有以外の手段で互酬性が生まれ、世界がよく機能するという、インターネット世界で見てきたような現象は、リアル世界でも価値の共有できない人々の間で協同を可能にする手がかりとして注目されています。アーネイル（二〇〇六）は、まず、市民社会において信頼がよく機能するには文化的同質性が必要な条件となっていると論じます。まさに価値の類似性要因を指摘しているのです。その上で、多様な人々の集まるコミュニティ、あるいは多文化世界のような場では、異質な人々が交わることで価値の類似性が期待できなくなると論じています。そして現実の多様な世界では、信頼よりも協同作

（注３）匿名でもシステムの組み方でうまく回転することは多く観察されていますから、匿名排除は安心確保の一つの手段にすぎません。

業（cooperation）そのものに焦点を絞ったほうがよく、「互酬性こそが、分断された人々の間ではスタート地点として適切なのではないか。つまり限定された互酬的な交渉ごとを通じて互いを尊重し合うことから始める」のが望ましいのではないか、と主張しています。この提案は、インターネットの一般的互酬性の知見によく対応しています。互酬性は信頼より実践しやすいという利点を持つのです(注4)。

互酬的な行動の普遍性は、人々の住まうソーシャル・ネットワークの中で互いに互酬的な関係を色濃く有していることを示したプリッカートらのカナダの研究（プリッカートら二〇〇七）の研究によく示されています。社会的なネットワークの中で、人々は互いにソーシャル・サポートを交換し合うことで、互酬的に助け合い、住みよい社会を作り出しているのです。

●異質な他者のいる集団・ネットワーク

さて、互酬性の価値に重きを置いても、異質な人々が出会うときに何が生じるかは、わからないことばかりです。異質な他者との「話し合い」の場で何が起きるのか、それが本節のテーマになります。

協働することが必要だったり、協同が生産的になるときでさえ、互酬に徹しきれず、基本的な意見の違い、異質な相手に相対しているという感覚は解消しきれないかもしれません。このとき、あなたは異質な相手に与せず協同しない選択をするでしょうか。それとも「小異を捨てて大同につく」選択をするでしょうか。もちろん、解消し得ない対立というものもあり得ます。それでも最終的に一つのまとまった決定をしたり、一つの方向性を見定めることが必要な事態は、国会のような決定の機関に限らず、日常的にも頻繁に発生しています。

このテーマに関連して、多くの問いが浮かび上がります。異質な人々の間で意見を直接戦わせて生産的な結果が導けるのか、異質な人々の間の社会関係（上下関係など）が合議の結果に影響しないのか、逆に同質な人々が意思決定したほうがよい結果を導けると断言できるのか、そして異質な人々の間で社会的現実の共有は可能か、などなどです。そもそ

（注4）ここでもインターネットの制度信頼と同様の多重構造があります。信頼しきれない相手と互酬性を手がかりに協同作業を進めるとき、その背後にこの作業を支え得る制度信頼があれば、互酬性は促進されるはずです。たとえば、内戦などの際に国連が介入して相互にマイナスの互酬（応酬）を停止させ、停戦合意をさせるという役割はまさに国連の制度信頼の力を活用した介入です。

も社会は多かれ少なかれ異質な人々で成り立っているのですから、これらの問いは不可避的に重要です。

本節では、異質さを交えた議論の過程には、他者の異質さを理解しようとする方向性と、異質さが対立を喚起するような方向性が混交していることを示します。いずれも合議してコンセンサスを目指すことに違いはないのですが、ベクトルは逆方向です。この混交過程は、結果として相手の理解や社会への参加といったアウトプットにつながります。他方、ここでなされる議論の質や議論の生じる状況（社会構造的な環境）の役割が問われ続けています。

異質さの遍在性

人が集まれば、そこに異質な意見の人が存在します。

ここで頭の体操として、かなり極端な「同質社会」を考えてみましょう。たとえば、政治的争点が三つしかない国を考えます。景気刺激策、東アジア外交問題、政治制度改革という意見の領域でそれぞれ九割までの人が立場A、B、Cを支持している同質性の高い政治環境があるのだとしましょう。こんなケースですら、集団として最少人数の二人の市民が三つの争点ともに多数派意見支持で合致する確率はわずか五三％でしかありません（〇・八一＊＊三）。集団が三人になればその確率はさらに三八％になってしまいます（〇・七二九＊＊三）。これほど同質性の高い仮想社会ですらこのような数値ですから、社会の中に異質な意見の他者が存在するというのは、ごく一般的な事象だとわかります。

さて、私たちの社会は人と人との相互作用で成り立っており、時に異なる意見をクローズアップします。会議や集まりの場で意見を統一し意思決定をしなければならない、というようなケースでは意見の違いがとくに浮かび上がりやすくなります。日頃のおつきあいの中で自分と意見の異なる他者とやりにくい、あるいは違う意見の存在が許せない、というようなケースもあります。

もちろん、意見の相違はときに楽しい生活のスパイスです。好きなスポーツチームや好みの歌手の違いなどは、容易にそれが想像できます。嗜好や趣味などの不一致やずれが驚きの新世界をもたらすことも、しばしば経験されることです。ところが、それが価値観やどんな社会の行く末を望むか（二〇三〇年の原子力発電所によるエネルギー依存率の選好など）といった対象になると、シリアスな議論になったり、ぶつかる前に議論を回避しようとするような事態が生じてきます。

しかし、不快さにもかかわらず、異質さとぶつかり合い、話し合うことに社会的な意味があります。誰もが十分に議論できていないと認識しているままに、また異質な考え方の人々の論拠を十分に検討できていないままに、多数派による社会的な決定に至るのであれば、決定を多くの人は納得しないでしょう。納得に少しでも近づくには、ぶつかりながらも対話する必要があります。納得するとは、決定の結果について異なる党派が現実を共有しているという感覚を持つこと、つまり社会的現実を共有しているという感覚を持つことです。

異質な人が「ぶつかる」ことの意味は、政治コミュニケーションの分野で近年深く研究されてきています。異質な人々の間の議論はどう進むのか、どうしたら社会的に「望ましい」ないし、より合理的とみなし得る結論が得られるのか、どんな研究がなされているでしょうか。

異質性がぶつかる議論の過程

異質性のぶつかり合いの場で何が生じるか、熟議民主主義（deliberative democracy）の研究を例に見ていきましょう。ここで紹介する研究は、多数派を単に集計するような投票中心の民主主義を超え、語り、議論することを中心とする民主主義が模索されている線上に位置しています。人々が互いに議論する中で私的利益や私的関心を超え、共有の（公共的な）利害に気づき、またその利害の根拠・論拠の正統性を検討しようとしない限り、人々の間の潜在的な利害の対立すらうまく解決できないのではないか、ということです（デリ・カーピニら 二〇〇四、山田 二〇〇八）。それは単に政治学の研究対象には留まらず、「議論してぶつかること」という一般の研究対象になり得ているので、本章では注目します。

デュシェスとヘーゲル（二〇一〇）は、フォーカスグループという少人数の実験的討論集団を用いて、集団の議論の中で何が生じているのかを検討しました。彼女らは、議論好きとされるフランス人とその対極とされるフランス語系のベルギー人で、それぞれ討論の機会を設けました。フランス人、ベルギー人どうし、かつ類似した社会的背景を持ちながら、しかし互いの政治的志向が大きく異なる小集団を実験的に編成しました。そして各小集団の中でヨーロッパ統合問題（たとえばトルコのEU加盟問題）について三時間議論してもらったのでした。議論の中では容易に対立が見えるように、参加者の意見を小さなボードに書き出して反対意見を求めるなど、異質性のぶつかり合いを促進しました。

いずれの国の集団でも、グループ内の議論には二つの過程がともに生じていました。協調過程と紛争過程です。協調過程では参加者は互いの意見の差異に気づき、尊重し、そしてそれぞれの意見が基づく事実や知識を考慮しながら互いを理解しようと努めます。他方、紛争過程では主張したい人は声を上げ、他者をそれぞれの立場で識別し、集団の中で自分に近い人と多数派を形成しようとします。

集団で議論をする過程に、同様の二つの要素があげられていることは、ニール（二〇一一）も動機付けの点から指摘しています。認知社会心理学ではよく知られた、正確さ動機と指向的動機がここに現れるのです。前者は相手の言うことを正確に把握しようという動機付けで協調過程の中で働きやすく、後者は自らの立場を強化しようとする動機付けで紛争過程の中で対立する立場に立ったときに現れやすくなります。彼女は全国オンライン調査の中で調査参加者どうしで議論してもらう条件を設け、この二つの要素が混在していることを見出しました。オンライン調査を一年おいて二度実施、その間に半数の参加者が一カ月に一度の議論日に一〇～一五人の規模でその時々の社会的争点について議論に参加するという設計です。結果は、参加者の正確さ動機が強いほど自分と異なる立場をよく理解し、他方、指向的動機が強いと自分の選好（好み）を集団内の他者も共有しているはずだと過大認識するのでした。

議論の帰結

異質な他者との間で議論することは、このように二つの側面を含みながら進行します。この同時進行は人々の行動に何をもたらし、議論の帰結として何を生じさせているのでしょうか。

プライスらは（二〇〇二）、意見の異なる人の間で議論すること自体、あるいは他者の意見に不同意であること自体が、民主主義社会の健全性の核であることを強調した上で、意見の不同意を経験することが、実際に他者の意見に対する理解の幅を深めること（議論のレパートリーの増大）を示しています。ぶつかることが社会的に見て相互理解を拡大するチャンスを作り出しているのです。後述しますが、二〇一二年に日本で実施された「討論型世論調査」でも、対話の可能性や異なる意見に対して聞く耳を持つ人々の比率は討論の後で増大していました（曽根 二〇一二）。つまり政治的寛容性が増大したのです。

もちろん、よい面ばかりではありません。異なる意見に接して議論が楽しめるような人は限られている、というのもおそらく事実です。意見の違いはしばしばストレスをためます。ある研究は、オンラインでの長期的な政治的意見の討論会の中で、討論するメンバーに不同意者がいると感じるほど、議論のやりとりに関心を持てず、討論する楽しみは薄れ、議論が混乱しているように認識することを示しています（ウォシエスザクとプライス 二〇一二）。

異質な他者と語り合うことによってはじめて民主主義は成立するはずですが、実際には異質性との対峙がもたらすストレスゆえに紛争過程を回避したいという動機が発生しやすくなります（マッツ 二〇〇六）。ストレスによって政治を語る機会そのものや、社会に関与したり、政治参加を回避したがる心理的傾向が生じます。かたや、こうした回避傾向にもかかわらず、異質な他者との接触は問題となっている争点などの知識を増大させ、政治参加にもプラスに働く、という知見も多く出ています。研究成果は決着しておらず、多様な視点から詳しい検討がなされている先端の研究領域になっています（イケダとボアス 二〇一一など参照）。

議論の質についての基準

異質な他者との接触がもたらす産物は、個人の知識や政治参加の増大に限られるわけではありません。さらに社会的な産物として、民主主義にプラスの帰結をもたらすか、という視点から考えましょう。政治を議論した成果、つまり熟議の産物はどう問われるのでしょうか。

この議論の出発点はハバーマスでした（ハバーマス 一九八一）。彼は「コミュニケイション的行為」が民主主義の基礎にあるがゆえに、開かれた場での公共的な議論の質が重要だと、考えたのです。ここで公共的な議論の対象というのは、社会全体の利害や資源の配分に直結するような対象を指します。社会的・政治的な争点はおおむねそうした対象です。そしてハバーマスは、討議の参加者が討論対象の争点をめぐって合理的で体系的で誠実な議論を相互に展開し、聞き手をだまさず、議論の場で共通の理解とコンセンサスを目指すこと、それが熟議の基準だと主張したのでした。

ハバーマスのこのような基準に対しては、近代合理主義の理想に走りすぎている、達成困難で現実的ではない、すべての市民が参加できないほどに敷居が高い、日常からかけ離れた理念だ、などの批判がしばしば投げかけられます（参考：ルピアとマッカビンズ 一九九八）。

そこで、現実社会での公共的な議論を実質的に確保可能にするために、熟議民主主義の基準をどこまで条件緩和することが可能かが、さまざまに考案され、また実証研究の対象となってきています（バクティガーとペドリニ 二〇一〇）。政治についての日常的な議論の語り口、レトリック、感情的な言動の中にも民主主義に貢献し得る合理性の要素はあるだろう、という前提を置いて、現実の世界に合理性の要素が存在しているか、実証しようとしているのです。一連の研究からは、日常的な議論の中にも熟考する可能性があり得ることが次第に判明してきています。

ジェイコブズらは（二〇〇九）、熟議（deliberation）の条件を五点設定しています。すなわち、①特定の利害集団やエリートだけの議論の場にならない普遍性、②市民の声を多様に反映する包括性、③理性に依拠し反対議論にも耳を傾ける合理性、④熟考した結果への同意志向性、⑤政治的効力感の保有、です。彼らは複数の研究から、アメリカ人の過半数がこれら条件を満たすような参加経験（注5）を持っていることを示しています。

ジェイコブズらの論点に対応するように、熟議民主主義やその周辺の近年の研究では、ハバーマスの理念的な考え方では軽視されてきた、「十分に政治を理解していない人々」についても、彼らを政治過程から排除してはならない、と強調します。「十分に政治を理解する市民」を〝informed citizens〟と言いますが、そこまで達しない多数の市民でも、認知心理学に言うヒューリスティックという判断の簡便法の助けを借りれば、合理的な政治行動が可能になり得る、という研究が多数存在します（注6）。

ネットワーク内の権力構造や文化的ルールが生じさせる問題

日常生活で生じる熟議の場は、もちろん偶発的に集った市民が討議するような場ではありません。多くの場合、社会的な構造や文化といった条件に限定された場です。社会的上下関係、閉鎖的な職場集団やサークル、あるいは伝統的な文化の支配するような場は、私たちの社会では珍しくありませんが、このような場が持っている構造的ないし文化的な条件が熟考を妨げるのかどうか、検討するアプローチは必要でしょう。

一つの問題として、年齢差、立場の差が考えられます。熟議の場に目上と目下の上下関係を持ち込んだら、まともな議論ができるでしょうか。あるいは「おれに任せておけ。悪いようにはしない」のようなリーダーシップ（パターナリズム）が登場するような場で、上で見てきたような緩和された熟考条件が成り立つでしょうか。熟考の社会的・文化的条件を明らかにするには、こうしたことの実証的な検討が必要なのです。

ここで、第2章で見たミルグラムのアイヒマン実験の権力構造を思い出してみましょう。「実験参加者（被験者）」が電撃ショックを与えるかどうか、「実験者」と話し合いをする余地があったでしょうか。任意の実験参加であったとはいえ、ここには明瞭な上下関係を伴う権力構造を通じて命令を伝達する過程が存在していました。他方、電撃ショックの水準を上げていくことが適切な行動かどうかを話し合う機会は奪われていました（ミルグラム 一九七五、十一章）。こうした典型的な権力構造の中では熟考する過程が生じることはほとんど不可能なのです。

ここまで明確な権力関係ではなくとも、文化的には「パターナリズム」は熟考の条件と両立しない可能性があります。「上」が「下」に考えさせない、という同様の構造を持つ

（注5）他者とインフォーマルな政治的議論をしたり、誰に投票すべきか他者を説得する、などの行動の経験を指します。

（注6）これらの研究は本論の筋からずれるので、詳細は池田ら（二〇一〇、三二四～三二六頁）を参照してください。

からです。それでは、パターナリズムが存在するところ、熟考は本当に抑制され、そのことで望ましくない結果を招くのでしょうか。

池田の研究（イケダとリッチー 二〇一一、池田 二〇一二）は、この点を解明しようとしています。これは無作為で選ばれた一般の日本人や東アジア・東南アジアの人々が、パターナリズム文化の中で政治を語るとき、どんな（熟考の）成果を得られるのか、という複数の世論調査分析の成果です。

分析が明らかにしたのは、パターナリズムという上下関係の強い中での社会的コミュニケーションは、政治への信頼を増大させ、権力構造の中で投票行動に対する社会的圧力として機能していることです。他方、パターナリズムゆえに上の権力者に「白紙委任」してお任せし、自らは政治参加しようとしない、という参加の抑制には必ずしもつながっていないことを示しています。「パターナリズム」は儒教社会的な文脈では上が下の面倒を見るという恩顧主義的な含意がありますが、アジアのデータは「十分に面倒を見てもらっていない」から抗議的な政治参加に加わる、というロジックまで成立することも見えてきました。

文化的要因でもう一点注目しておきたいのが、調和追求傾向です。東アジア・東南アジアでは、人々は議論する中でも、対決や対立を回避しながらものごとを調和的に進めたい、という強い志向性があることはよく知られています（トリアンディス 二〇〇一）。ですが、その片方で、調和を追求するあまり、異なる意見の存在を抑制し、異論を封殺し、結果として適切な熟議をし損なうということも、憂慮されています。前出の池田の研究でも、この点は検討されましたが、結果はそれほど明瞭ではありませんでした。しかし一つ明らかなのは、調和志向でないほうが政治的に寛容で多様な意見を受け入れやすいということでした。

同様の調和追求傾向は、西欧社会でも組織や集団のもたらす普遍的な傾向に注目する一連の研究にまで発展しています(注7)。つまり、調和の追求、意見一致を求める傾向は、文化的特性に限らず、広く存在しえます。集団がある意思決定をするならば、議論の末に異論がなくなり、意見一致して決定に至るというのは、ごく一般的な意思決定過程で、それ自体に何か社会心理的な問題が付随しているわけではありません。しかし、意見一致の追求傾向が過度になると、それはときに熟議を抑制し、外部から新しい情報を注ぎ込むバリアとなり、「集団思考」を招き、深刻な結果をもたらします。節を改め、過度の意見一致

(注7) たとえばホッグ（一九九二）などは社会的カテゴリー化理論という独特の理論に結びつけて論じています。

追求傾向が何をもたらすかを検討していきましょう。

●意見一致追求傾向による集団思考――異質な他者の役割

ジャニス（一九八二）は、集団の意思決定がストレス下で失敗するメカニズムとして「集団思考」（groupthink）の問題を取り上げています。集団思考とは、ジョージ・オーウェルの著名な小説『一九八四年』に出てくる〝doublethink〟をまねた語ですが、内容はオーウェルのものとは異なっています。集団思考とは「内集団（inner group）の圧力によって、思っていることが現実場面に適切に当てはまるかどうか検証する力（リアリティ・テスティングする力）や、問題の道義的側面に対する判断力が損なわれること」を指します。それが生じる過程では、議論の場の構造が調和追求傾向を生み出し、決断を誤らせることになります。

まず、仲のよい集団など内集団と呼ばれる集団では、内輪の集団に感じる魅力が強く（凝集性が高いといいます）、その中で互いの意見に同意を求める強い意見一致追求傾向（concurrence seeking）が見受けられます。そして価値観の共有と皆が同じストレス下におかれるという条件が重なると、集団内で同調せよとの圧力が高まり、集団思考が発生します。すなわち、一人ひとりの独立した批判的思考能力が「集団思考」にとってかわられる危険性が増大します。それは集団の中で、過度に楽観主義に陥り、適切な対応姿勢を失い、さらに自分たちに敵対する外集団（out-group）の弱点やその非道さについてのスローガン的単純思考（ステレオタイプ思考）に陥りやすくし、結果として、集団の決定が失敗する可能性が増大することを意味します。ここの失敗とは、決定の結果が、集団にとって望ましくない結果をもたらすことを指します。

ジャニスのあげた例の中から集団思考による大失敗の例をあげましょう。ジョン・F・ケネディ大統領が一九六二年一〇月の「キューバ危機」を切り抜け、一躍名声を高める前年に、キューバに侵攻しようとして大失敗をおかした例、いわゆるピッグス湾事件です。

ケネディはここでいくつかの「計算違い」をしています。たとえば、CIA（アメリカ中央情報局）の作成したずさんな急襲計画がうまくいきそうもないことを見抜けなかったこと、キューバの現状やリーダーのカストロについてステレオタイプ化して力量を低く見積もりすぎていたこと、不確実な状況下でありながら、CIA以外の情報源からの警告を無視し自己満足的な自信過剰におちいったこと、などです。

なぜそんな計算違いをしたのかを詳しく検討すると、ケネディのアドバイザーたちが「集団思考」に陥っていた証拠が数多く見出されます。

「われわれのグループなら何をやっても必ず成功するのだ、敵は弱いぞ」という不敵幻想もその一つです。さらに、自分たちが道義的に優れているという思いこみが、決定のもたらす倫理的な結末について思考を停止させます。

また、「自分たちの間では、意見はいつも一致するはずだ、そして一致するのは意見が正しいからに他ならない」という幻想も重大な過ちに直結します。なぜなら、意見が一致するはずだという決めつけは、個々人の批判的な思考をさえぎり、グループの沈黙は同意のゆえだと思いこませる傾向を生じさせるからです。沈黙はしばしば不同意の徴であるのに、これを無視するのです。

集団が個人に勝る利点の一つは異質な視点からの情報の相互チェックです。集団思考は集団自らがこの利点を放棄した状態です。そして、各メンバーが疑問点を指摘したり、反対議論を行うのを軽視するような傾向を反映して、集団のみかけ上のコンセンサスから逸脱しないよう、自分で反対意見を抑制して沈黙したり、同調行動に走るようになります。

さらに、「自己指名の用心棒」(mindguards)が登場し、大統領への進言を妨げるようになると、ますますチェック機能は働かなくなります。用心棒とは「もう大統領は決めたのだ、あとは反論することではなく、彼をサポートすることだ」などとのたまう輩です。

こうして、自分たちの集団のステレオタイプや幻想、コミットメントに強い反対意見を言うメンバーに直接的な圧力がかかります。この時点での不同意は忠実なメンバーには期待されないことだという糾弾が始まります。

このような集団思考の結果として、集団は「あやしげな決定」を、現実的で良い結果をもたらす選択肢であると誤ってみなし、それを集団一致の社会的現実だと想定するのです。

ここで注意を喚起しておきたいのは、意見が同一になり、それが社会的現実として心地よく受け入れやすくなったとしても、物理的な現実から復讐されないという保証はない、という点です。「われわれは無敵だ」「ピンチになれば神風が吹く」「原発に津波はやってこない」などと、意見一致の状況を作りだしたところで、物理的な現実の前にはひとたまりもない、ということも往々にして生ずるのです。集団が形成する社会的現実は、集団思考現象のようにそれを修正するメカニズムを構造的に欠くとき、実に厳しい「現実からの復讐」を受け得るのです。

●異質な他者と逸脱行動――個人の社会的な影響力

異質な他者・意見を排除し、意見一致追求傾向を強めることの問題点を見てきましたが、では、逆に異質な他者や異質な意見が突出するようなケースはあるのでしょうか。次には少数派であっても異質な意見の持ち主が主張を曲げず、正当性を求めて多数派形成を図る、というような事態を取り上げましょう。そして、少数派であり逸脱者とさえ見える人々が集団や社会に対して影響を与える可能性を考えましょう。

逸脱者や少数派という語彙を用いると、いかにも特殊なできごとのように聞こえるかもしれません。しかし実は広く普遍的なものです。あらゆる社会の変化は、今までなかったものやなかった考え方から発しているからです。キリスト教も元は異端であり、少数派で逸脱宗派でした。それが歴史を通じて、多くの社会で確固たる多数派の地位を築いたのです。商品の普及も、実は同様の「逸脱的商品」からメジャーにのし上がってこそ、普及するのです。近年では急速にアメリカのヨーグルト市場でメジャー化しつつあるギリシャヨーグルトなどはその例でしょう。

したがって異質で逸脱している、ということに、暗さや肩身の狭さを結びつける必然性はありません。先駆者やイノベーターは大衆とは異質な存在なのです。新奇なアイデア、新しいポップソング、物珍しい食べ物、奇抜なファッション、これらにはしばしば明るさ、展開、発展、革新といった、喜びや楽しみにあふれる未来の可能性が伴っていることを思い起こしてください。

そこで次に、異質な逸脱者の及ぼす影響力が全体の多数派になる過程を、ある映画の例から見ていきましょう。この映画が示すのは、一貫した新しい社会的現実を提案し続けることの強さと意義です。

『十二人の怒れる男』

映画『十二人の怒れる男』（一九五七）は古典的傑作です。それは、異質な他者である少数派がいかにして多数の意見の壁を打ち破るか、見事に示して余りあります。

この映画はアメリカ・シカゴを舞台にした物語で、専門の裁判官や弁護士ではなくて、裁判に参加した十二人の陪審員の話です。日本の裁判員制度とはやや異なりますが、一般市民から無作為に選ばれて有罪とされる証拠の判断に当たるという点で類似しています。

陪審員たちは、父親を殺害したとされる若者が有罪かどうか、評決を求められます。状況証拠は十分です。ならず者に近い履歴の持ち主でもあります。「第一級殺人」なので電気椅子送りになっても不思議でない条件が揃っています。

すぐに評決が下らんばかりの状況の中、十二人のうち、八号と呼ばれる俳優ヘンリー・フォンダ一人だけが、性急な有罪評決に反対します。全員で採決しても、彼一人だけが無罪を主張しました。法は全員一致の評決を要求しており、陪審員室は騒然となります。

釈明を求められた八号は、一つひとつ目撃の信憑性の問題や状況証拠の矛盾する点を指摘していきます。論理的に、たんたんと、証拠能力に乏しいことを示していくのです。それは、被疑者の若者が「犯人」だと確信している他の陪審員にとっては「許しがたい」ことに思われます。罵声が八号に浴びせかけられます。この若者は「明らかに」有罪だ、もともとワルい奴なのだ、有罪のストーリーは整っているのだ、と決めつけ続けるのです。ストーリーが一貫していることが（それが部分的に想像で補ったものであったとしても）、評決判断に大きな影響を及ぼすことは、擬似陪審員の実験でも明らかにされている通りで（ペニントンとハスティ 一九九二）、それに反対していくには大変な忍耐力を要するに違いありません。

が、それでも八号はめげません。ときには、犯行の状況をシミュレーションしてみせ、目撃した、犯行の音を聞いた、というのが、いかに疑わしい証拠であるか、一つひとつ解いてみせます。犯行に使われた飛び出しナイフがきわめて特殊なもので、この若者が「犯行当日」それを買ったことが重大な証拠だとされると、八号は、ポケットからまさに同型のナイフを取り出し、机の上に突き立てて見せます。現場近くを自分で歩いてみて売っているのを発見し、購入したのだと言います。「きわめて特殊」だから「動かない証拠だ」という心証をつき崩すのです。圧倒的な証拠だと思われるものが、このようにして崩されていく過程は実に説得的です。

犯行が自明と信じる陪審員たちは、八号の主張を「ごまかしだ」と絶叫して非難する以外ないまでに追いつめられます。そして一人、また一人と、意見を変えていきます。長い時間をかけて、ついに全員の意見が覆ります。一致して、若者の無罪を認めたのです。これが映画のストーリーです。

八号は、集団の提示する社会的現実に逆らい、事実の論理的関係や証拠の信憑性の追求という、一貫的な議論によってその現実をつき崩しました。ここで注目したいのは、社会的現実が突き崩された、その展開過程です。

彼が行ったのは、本書の言葉で言えば、まずは「まわりの人も有罪だと信じている」という「小さな制度」が作り出す社会的現実性を突き崩すことでした。また、犯罪の心証の現実感を一つひとつ突き崩すことによって、社会的現実の内在的な支持力を弱めていったのです。一方で、彼は被疑者が無罪という一貫したストーリーを提供し、またその視点からすべてが理解できることを悟らせていったのでした。このことを異質な他者の持つ影響力として考えると、どう説明できるでしょうか。

行動の文法

これはまさにモスコビッチが明らかにした、少数派が多数派の意見を覆していく条件に現れています（モスコビッチ　一九八五）。彼が提案した

「行動の文法」はその集約ですが、それは基本的に二つのルールから成り立つとまとめられています（マースとクラーク三世　一九八四）。すなわち、

1　多数派の規範を切り崩し、多数派に葛藤を生じさせ、彼らが持つ社会的現実を切り崩すこと

2　少数派が一貫して安定した代替的規範を提供し、しかもその主張にコミットメントすること

です。ポイントは、「一貫して安定した代替規範（＝代替的な社会的現実）を提供する」という内在的な論理の側にあります。確信を持って誠実に心からこの規範に関与することが他の人々を動かすのです。

そして、この二つのルールが貫徹するには少数派の性質が重要です。当の意見に関してのみ少数派であることが重要なのです。人種等の属性までもが少数派であれば、それは少数であることの別の根拠を用意することになってしまいます。自己利益や特殊要因に少数意見の原因が帰属されてしまいます。つまり、少数意見によって何か得るところがあるのではないか、自分の人種に有利になるからそんな主張をしているのではないか、という推

論が働く可能性が生ずるのです。

だから、他の要因への帰属がなされず、右記の二つのルールが実践されるとき、多数派の社会的現実にありがちな「まわりの人々が信じている」という論理が、少数派によって揺るがされるのです。

しかし、疑問化されるだけでは、単にこれまで支えてきた社会的現実が挑戦されているという不快な思いをさせるだけにすぎません。陪審員たちが、八号の言うことが「許しがたく」思われたのは、まさに自分たちの社会的現実の揺らぎゆえなのです。

さらに、内在的な論理を通じた、八号自身の社会的現実形成、つまり「被疑者は有罪ではない」というリアリティ構成が「一貫して安定した代替規範」として突きつけられているのです。それは、他の陪審員自らの内的一貫性が問われ、根拠なき思いこみを見直すよう強いるものでもありました。

●まとめ――互酬性形成と異質な他者とのコンセンサス形成

本章では、社会的現実の第二のレベル、すなわち対人レベルの社会的現実の世界が、異質さに満ちていることを示してきました。異質さが社会的現実に対して持つ含意は、社会的現実への揺らぎです。他者と同じ信念や認識、あるいは価値を持つのであれば、その「同じさ」が私たちの対人レベルの社会的現実を強化します。他方、それらが同じでなければ、人は社会的現実を守るために別の誰かに支えられるか、社会的現実の信念レベルや大きな制度レベルに助けてもらわなくてはなりません。なぜなら、対人レベルの社会的現実は、他者と「同じであること」によって、支えられてきたからです。その支えがほしいからこそ、ストレス状況下で人々は意見一致傾向を生じさせるのです。そして、少数であっても強烈な逸脱者の議論は耳を傾けるにせよ非難するにせよ、いずれにしても無視できないのです。

やっかいなことに、社会の中は異質性に充ち満ちています。また、異質性とぶつかることなしには民主主義は成立せず、よく考えられ、多くの人が納得する政策の選択も難しくなります。本章「信頼と互酬性」の節でふれた互酬性は、異質な人々の間で生産的なやりとりを行う重要なきっかけとなる要因でしたが、それだけでは対人的な社会的現実は保証されません。それゆえに、異質な他者の間の話し合いや討議について、本章では詳しく検討してきました。そして、単に社会的現実だけではなく、熟議され合理性を持った議論や意思決定の可能性を検討したのでした。換言すれば、合議や熟議は互いの異なる社会的現実を突き合わせ、その中で互いがどこまで歩み寄れるか、どちらも受容可能な新しい社会的現実を形成し得るか、これらを問うものでした。

首尾よく新しい社会的現実が形成されたとき、社会は同質化される、と言えるのでしょうか。そうではありません。熟議の対象となり、また意思決定のターゲットとなった部分ではコンセンサスを得て新しい社会的現実を形成しながらも、そこには異なる見解や態度に対して寛容性を高め、異質さを許容するという構造が出現するのです。微妙なバランスと言ってよいかもしれません。

困難に満ちた異質性の世界で、それは不可能でしょうか。実践的な試みがなされています。社会の将来像についてコンセンサスをいかにして得るか、わが国でなされた事例を見ましょう。

二〇一二年の夏、原子力発電を含むエネルギー環境の将来像をめぐって、大規模な「討論型世論調査」(deliberation poll)が実施されました。参加者は二〇三〇年のわが国のエネルギー総国内供給量に対する原子力発電の比率を〇%か、一五%か、二〇~二五%かの三つのシナリオによる選択肢を議論し、議論の前後で自分が適切と考えるシナリオが討論によって変わり得るのか、調べられたのです。異質な意見の人々に対する寛容性まで高めることが確かめられたこの実験が持つ意味を考えて、章を閉じることにしましょう。

コンセンサス形成、および熟議する世論調査としての「討論型世論調査」

この討論型世論調査で採用された方法は、全国から無作為で抽出された市民の中から三〇〇名弱に一堂に会してもらい、三つのシナリオについて全体や小グループで議論し、考えてもらい、さらに考えた後の結論（選択）を示してもらう仕組みでした。元の抽出調査から最終的に参加した市民は、有権者全体の縮図を目指すと同時に、意見の違いも多様で異質性の高い集団でした。それは、もし一般の市民が異質な相手と議論する可能性を持ち、議論をしていけたらどんな判断をするだろうか、を考えるための有力な手がかりを与えます。

つまり、基本的なアイデアは、熟議民主主義の議論を代表性の高い市民に実際に行ってもらうというものです。これは世論形成を検討する社会の重要な道具となる可能性を大いに秘めています。

その理由はいくつかあります。まず、異質な他者どうしの間の意見共有を目指した討議の機会を与えるものであり、その点ではハバーマス的な市民的なコミュニケーション討議の理想の延長上にある議論の場を提供しています。また市民全員が議論・討論に加わるのではなく、無作為抽出された市民間の討議ですから、一般の人がよく議論し、当該の争点の事実や問題点、論点をきちんと理解するようになった（informedになった）場合に、どんな意見分布が形成されるか、シミュレーションできている点に顕著な特徴があります。もちろん問題点も指摘されています。本当にランダムに抽出した市民を議論の場に招き得ているのか（女性や若年層が参加をためらう傾向がある）、などです。こうした点で修正の余地は大いにあります。

しかしこの討論型世論調査のポイントは、現実の市民参加による社会的合意形成のシミュレーションだということです。さらに、ここで生じている過程は、互酬性の過程というよりは本章「異質な他者のいる集団・ネットワーク」の節以後の異質さとぶつかる過程そのものであり、それゆえに「異質な他者のいる集団・ネットワーク」「意見一致追求傾向による集団思考」「異質な他者と逸脱行動」の各節の利点と問題点を直接含んでいます。

討論型世論調査は、元々アメリカのフィシュキンの発案になるもので（フィシュキン一九九五）、実際に多数実施されています。さらに、彼はアッカーマンとの著書で興味深い提案をしています（アッカーマンとフィシュキン 二〇〇四）。「熟議の日」を大統領選挙の前に設け、もはや世論調査で抽出された市民ではなく、一般の有権者すべてが討論会に参加する日を設けよう、という提案です。もちろん全員が一度に参加すれば社会は機能しなくなりますから、半数ずつ二度に分けて、というものです。原理的にこれは、現実社会で意図的に公共的な議論を実現させ、市民を一挙に見識ある市民（informed citizens）

にしてしまおうという企画です。彼らはそれにかかる金額の算出まで行っています。大統領選のサイクルの四年間に七〇〇〇万人が参加したとして費用は二〇〇〇億円ほどの額です。日本の総選挙（投票者は七〇〇〇万人）の費用はおよそ八〇〇億円弱ですから、これは現実的に日本でも実施可能な額だと主張されてもおかしくないでしょう。単に投票という「集計の結果」を出す以上に熟議の機会を加えてその三倍内の追加費用です。

こうして、異質性に満ちた社会の中で私たちはどのようにして次の道を見出すか、絶え間ない努力によって具体的な模索が続けられているのです。他者に対する信頼、制度に対する信頼、互酬性、そのそれぞれの重要性は強調すべきですが、最後まで残る合意できない異質な意見・立場の溝は、ここで見てきたような合議によって埋めていく作業が欠かせません。もちろん、合議がすべてにわたって望ましい、欠点がないと主張しているのではありません。合議しながら見落としてしまう情報、意見一致追求傾向の結果として誤る決断、対立が崩しきれずに多数派と少数派の力任せの対決になってしまう憂慮、単に声の大きい人が勝つなど、さまざまな問題点はあります。そうだとしても、わずかでもベターな社会的選択を探る、そしてそれが社会的現実として確固とした地盤を持つ、そうしたコンセンサス形成の追求を止めるわけにはいきません。

このように合議する目的は何でしょうか。熟議はなぜ必要なのでしょうか。

それは価値を共有できなくても、私たちが異質な他者と向き合って共生していく必要がある、ということです。互いが互いをつぶし合うのが目的でない限り、合議と熟議を通じて歩み寄れる点を探求し、新しい選択の道を創造し、その合意した選択に従い、そして共生しなければなりません。

実はこのときに、ふたたび、信頼への道の光明が見えるのです。互いが共生することを認め合い、共生が共通の目的であることを理解し、そのために互いの異なる個別の目的を認め、互いを認め合うことを一つの倫理として出発するのです。これは相互監視の安心の論理ではなく、信頼の論理であり信頼の倫理でしょう。価値の共有が期待できない世界の中で、この信頼が一段高次の信頼となって現れてこそ、私たちは共生をもっと確信できるはずです。

それは当然ながら容易な道ではありません。エネルギー問題の将来を考えても、その困難さは明らかです。しかし突破口はここにしかないようです。その上、共生が可能だと合意に到達できれば、それは私たちの社会的現実にとっても幸運なことになるでしょう。対立を越えられれば、社会の存立基盤である集合的な現実感が大きく拡く共有できるからです。

6・マスメディアとインターネット

二〇世紀がマスメディアの世紀だったと言えるのなら、二一世紀はインターネットの世紀だと言い得るでしょうか。本章はまず、マスメディアが私たちの共有世界をいかに構成し、またその共有世界が世の中に起きているできごとの総体からいかに切り取られ、構成され、社会的現実として受け止められるかを検討します。そうしながら社会的現実の最上層である大きな制度の層が、どのように社会的現実のベースとなっているかを吟味していきましょう。

社会的現実はその形成においてバイアスがかかることが不可避です。世の中で起きていることすべてをマスメディアが鏡に写すように伝達できない以上、不可避なのです。マスメディアのバイアスの本質を知らない限り、社会的現実の持つ意味は理解できません。マスメディアという送り手は三つのバイアスを内包しています。情報源のバイアス、送り手の持つステレオタイプという認知的バイアス、そして報道対象のパーソナライゼーションによるバイアス、です。これらの持つ意味を順次検討します。

第4章では社会的制度がリスクや問題対処の代理人として機能することを議論しました。本章ではマスメディアが社会的な情報解釈の代理人となっていることを論じつつ、社会の中のさまざまな対立を伝える中で、代理人として社会的現実解釈のベースを提供する困難さについて考えます。そして二一世紀初頭の状況を踏まえながら、インターネットが情報世界にどんな変化をもたらしたか、私たちを取り囲む社会的情報環境の全体像を踏まえつつ、その変化がもたらす社会的現実を考察します。

●マスメディアの作り出す「共有世界」

マスメディアの社会的現実形成

私たちは多くのできごとや事件を、報道によって初めて知ります。マスメディアの受け手である私たちは、報道機関という他者が解釈したリアリティの世界に生きることを余儀なくされているのです。自分自身で取材に行くわけではなく、提供された共有世界が私たちの社会的現実感の基盤です。インターネットが発達し、テレビや新聞への接触の少ない世代が増大していますが、インターネット上の「報道」でさえも、マスメディア由来のものが多く含まれます(注1)。

はじめに小さな事故の記事を見ましょう。写真(図11)を見てください。

この記事だけを見ると、ガードレールをめぐって何か小さな傷害事件が起き、何者かの悪意で中学生が大きなけがをしたように見えます。しかも悪意は一カ所に留まることなく、市内数カ所に及んでいたようなのです。

ところが、この報道がきっかけとなって、まったく違う展開がもたらされます。世の中から見えていなかったできごとが、報道によって可視化されるのです。事件をきっかけと

(注1) NHKの「日本人とテレビ・二〇一〇調査」(平田ら二〇一〇)によれば、一九八五年から二〇一〇年までの間に、テレビに毎日接する人は、一六～二九歳で九四→八二%と減り、三十代では九三→八七%でした。同じ間に新聞閲読者はもっと減少し一六～二九歳で八八→三六%へ、三十代は九五→五五%、四十代でさえ九五→七六%まで落ちたのでした。しかしながら朝日新聞大阪本社広告局(二〇一二)の「ソーシャルメディアと新聞」で紹介された二〇一二年二月のインターネット調査では(新聞社の手前味噌の解釈になっている可能性はありますが、調査自体はふつうの調査です)、ソーシャルメディア上での書き込みにテレビ番組を参考にする人は五五%、新聞についても同様に五二%となり、他のパーソナルな情報源やインターネット上の情報を上回っていました。類似の知見はしばしば見受けられます。

ガードレールに包丁状の金属片

埼玉、中学生けが

埼玉県行田市で、農道など6カ所のガードレールの継ぎ目に、長さ数㌢～20㌢の金属片がほぼ直角に差し込まれ、1カ所で市内の中学生が長さ約14㌢の金属片に触れ、すねを18針縫うけがをしていたことが30日、行田署の調べで分かった。同署は、何者かが金属片を取り付けたとみて、傷害容疑で調べている。

調べでは、28日午後6時40分ごろ、行田市若小玉の農道で、自転車に乗っていた市内の中学1年の男子生徒(12)が、ガードレールの高さ約50㌢の継ぎ目部分から突き出ていた包丁のような形の金属片に左脚をこすり、けがをした。同署が市内を捜索したところ、現場から半径約3㌔の範囲のガードレール5カ所にも、同じような金属片が差し込まれているのが見つかった。

中学生がけがをしたのと同種類の金属片＝30日午後、埼玉県行田市の行田署で

図 11　ガードレールの金属片で中学生がけがをしたことを伝える新聞記事（朝日新聞 2005 年 5 月 31 日付。スペースの都合上，許可を得て一部レイアウトを変えて転載した）

して、国土交通省がガードレールに刺さった金属片の調査を全国規模で実施したところ、過去三年間に類似の事故が全国で五件あったことが数日内に判明します。三週間後には同様の金属片が全国で四〇〇〇〇個以上もリストされたと報道されます。同時に、破片はクルマがガードレールに接触し、車体の一部がはがれて残されたもので事件性はない、ということまで公表されていきます(注2)。

傷害事件を疑う一つの報道が糸口になって、かなり前から広範に存在していた社会の中の危険物が明るみに出、ガードレールの金属片についての新たな社会的現実が現れたのです。マスメディアの報道がキーとなり、意図的な傷害ではなく、世の中に埋もれていた危険物の広範な分布という社会的現実がハイライト化されたのです。

メディア・イベント

メディアリティ（mediality）という合成語は（ラニー 一九八三）、テレビや新聞の力があって初めて形成・成立する社会的現実をいいます。ガードレールの金属片の解釈は意図的に社会的現実になったメディアリティではありませんでしたが、メディアリティでハイライト化される報道を通じて意図的に形作られる社会的現実も存在するのです。

これこそ今生じている現実の姿なのだと、受け手に対して報道することを前提にしたイベント形成、すなわちメディア・イベントがその典型です。たとえば、四年ごとに行われるアメリカ大統領選挙の大統領候補者が決定する民主党、共和党の全国党大会報道は、まさにそれです。それまでの半年間にわたる予備選挙を通じて選びだした大統領候補者をメディアを通じて華やかに演出し、党の支持者が一致団結してこの候補を支持していることをメディアの中の真実として売り込むからです。

（注2）この記事の引用に関し、澁谷覚・木村邦博（東北大学）、三浦麻子（関西学院大学）、上ノ原秀晃（大阪商業大学）の四氏にお世話になりました。記して感謝致します。

オリンピックも明瞭なメディア・イベントです。有名選手の経歴も、世界の片隅から一躍出現する新生スターも、メディアのハイライト化を通して輝きます。そして、陸上短距離のウサイン・ボルトが自ら望んだように、この輝きが神話として定着していくことも、メディア・イベントの積み重ねによって生まれるのです。

メディアは社会的現実を形成するのみならず、ハイライトの当たらない部分を見えにくくもします。二〇一二年ロンドンオリンピックの華やかさの影で、開催地域であるハックニー地区が過去の悲惨な状態から再生したことはハイライトの対象にはなりませんでした。開催中にジャーナリズム的にいくつか議論された程度です。都市再生の強調は、オリンピックの誘致には効果があったようですが、メディア・イベントの対象ではなく、表部分には出てきませんでした。

映像の中の現実と、体験される現実とのずれ

メディアを通した社会的現実は、しばしば私たちの個人的な経験と「ずれ」を起こします。たとえば観光を思い起こしてください。典型的なテレビの観光地訪問や、写真ばかりのガイドブックは、旅の感動をマニュアル化しています。観光名所の「さわり」を常に提示します。十年に一度のフェスティバル、おごそかな真冬の年中行事、国内

外を問わず、最高の時期の最高のシーンを伝えます。

このため、観光とは、テレビで伝えられ、ガイドブックに麗々しく紹介されたところが本当にそれに値するのかを見に行き、最高のシーンでなくとも「それなりの見所のあるところなんだ」と確認するために行くようなもの、そしてメディアを通じて見て、すでに形成されたイメージの中の異郷、異国に行くためのもの、という側面がぬぐい去れません。現実の中に現実を見ず、メディアによって形成された社会的現実の写像を見て気持ちを落ちつけるのが観光と化している、そういう実感はないでしょうか。

現実の断片化と報道のハイライト化

エジプトのカイロの話をしましょう。

カイロは混沌の街です。まず、信号には誰も従わない。歩行者が車の通る道路を歩けば、車も容赦しない。行けば、市中心部のタハリール広場などでも駆け引きのように道路を渡らざるを得ません。「おっかなびっくり」の経験です。

繁華街の奥の通りを入っていくと、多くの成人男子があまり働く様子もなく、日中もぶらぶらしているように見えます。モスクの中でも多くの人が昼寝しています。その一方で、子どもたちは見かけ上過剰に働かされています。店の軒先で商品を作るなど、生産的労働の作り手になっています。街路は美しくありません。観光の中心部から少し離れてイスラム街南北六キロを歩けば、商店街は砂埃にまみれ、道路の真ん中がゴミ捨て場化して悪臭におうところもふつうです。ゴミも働かされる子どもの姿も、ガイドブックやテレビが映し出すような美しいモスクの林立するカイロのイメージとは違います。

むしろ、街の雑然とした中にすばらしいモスクが隠されている、という表現のほうが当たっているかもしれません。見れば感動します。ガイドブック通りの世界です。マニュアル通りの感動です。しかし美しいモスクの廃墟に興味本位で入ると、どこからか必ず案内したがる人が現れて（しかも子どもに手先をさせている）、勝手に解説を始めて、お金を要求します。そして受け取ると必ず「この額では足りない」と言う。これはテレビには出てきません。

観光地を歩き回って感じられることは、ガイドブックやテレビが作り出した現実と、いま自分が接している現実との奇妙な混淆です。

二〇一一年初頭のエジプト革命はカイロの印象をさらに複雑にしました。三〇年続いたムバラク大統領の強権政治が作り出した格差社会の中で、コンピュータ・プログラマーが警察に撲殺される事故がきっかけとなり、多くの人が抱えていたこれまでの鬱積が爆発します。大規模な抗議デモが発生、治安部隊との衝突が連日続き、政府によるインターネットや携帯電話の遮断、大統領の退陣拒否など紆余曲折を経て、二週間後、ついに大統領は権力の座から追い落とされます。

交通の混沌で印象的だったタハリール広場が、この時にはデモの中心地となり、さらには革命を祝う広場になりました。そこが人々の求心力の場と化したのはまさに驚くべき光景でした。まして、デモする人々のあふれ出るエネルギーはどこから湧き上がってきたのかと思わせるほど、新しい印象を作り出していました。

このようなメディアがもたらす印象の落差は、メディアのどんな特徴を伝えているでしょうか。

観光も日常生活も革命の光景も、現実の総体のごく一部だけをメディアが切り取っているのは明らかです。メディアの切り出す現実の一部のハイライト化が、同じ現実の他の部分と矛盾して見えるのです。社会の深い部分での産業構造や権力の腐敗のあり方を掘り起こしてこそ、質の異なる複数の印象がつながり立体的に提供できるはずのものですが、観光も革命の報道も、それぞれ、焦点をモジュール化し、断片的な現象として、またそれ自体の映像的な感情価値、すなわちモスクへの嘆美や勝利の熱狂を最大化して伝えるのみです。

報道のハイライト化が持つ社会的現実の意味をより分析的に論じていくために注意して

おきたいのは、人間は、ハイライト化され選択された情報に対して、その選択性を直観的にいわば「補正」し、全体像はこうだろうと推測し、自ら現実の像を組み立てていくのに有能とは言いがたい、という点です。目の前に与えられた情報の上に社会的現実を構築していくのが、もっとも効率的でコストもかからないからです。指摘されれば気づくのであっても、自発的に「～という側面の情報が欠落している」「どこそこの情報が伝えられていない」と洞察するのは困難なことです。したがって、他の二次情報や別解釈がなければ、メディアが伝えるハイライト化された情報が唯一の社会的現実となるのです。私たちは現実に生じるできごとのごく一部を見るだけで、人生を終えてしまいます。カイロの例で示した社会的現実の齟齬は珍しい事象です。多くの場合、私たちは一つの社会的現実しか見ないのです。そしてその社会的現実は大きく限定されているのです。

次節では、その限定のあり方を規定するメカニズムを検討していきます。

そして、齟齬する複数の社会的現実に直面せざるを得ないことが私たちの人生にも生じ得ることにふれていきます。たとえば東日本大震災後の福島第一原子力発電所の事故です。第2章で詳しくふれた「想定外の事態」とは二重の社会的現実に直面することに他なりません。「想定」内で問題なく過ごされてきた「災害前」の社会的現実と、「想定」が裏切られた「災後」の社会的現実の齟齬です。さらに、想定崩壊以後の現実の解釈においても、私たちは対立する複数の社会的現実に直面しました。原子力発電所の危険性と再稼働をめぐる社会的現実の対立などはその典型です。それは私たちにとって、カイロのような遠い「どこか」のできごとではありません。「フクシマ」の原子力発電所事故は日本に住む私たちすべてに関わるできごとだからです。

●社会的現実のバイアス

ハイライト化という現象からわかるように、メディアは現実のすべてを映した鏡のような存在ではありません。だとしたら、鏡を「歪める」バイアスを生じさせる要因は何でしょうか。

その一つは、すでに述べたメディア・イベントの例で見られた大きな社会的現実を社会的なできごととして作り上げていく報道側の意図です。オリンピックや大統領選ではこの意図が世界を動かします。他方、そうした意図とは無関係に生じる、大きな事件や事故、政治や経済のできごとでは、報道を作り上げる過程で報道の編集上・構造上生ずるバイアスもあります。このバイアスについて以下では詳しく検討を加えましょう。順次、情報資源のバイアス、報道のステレオタイプ化、報道のパーソナライゼーションに伴うアクター中心の世界像について、議論していきます(注3)。

情報源のバイアス

取材された情報がマスメディアの人間によって取捨選択され編集され、目的に沿ってハイライト化される過程では、取材し得る情報源がそもそも限られているというバイアスが生じています。

わかりやすい例はテレビの映像でしょう。スマートフォンなどモバイルメディアの録画性能が上昇したため、いまやどこでも誰でも動画を取得できますが、それでも、報道の多くは映像機器に依存しています。とくにカメラが現場に駆けつけることが困難な緊急事態の報道では目立ちます。しかしながら、視聴者の多くはその偏りに容易には気がつきません。東日本大震災の報道を思い出してください。確かに報道は全力を尽くし、網羅的に情報を伝えようとしたかもしれません。しかし未曾有の大災害を映した映像には、大きな意図せざる選択性がありました。

情報源のカバレッジ

東日本大震災の直後の時期、報道記者たちがたどり着けないところがニュースで取り上げられなかったのは明白です。そもそも発災後二四時間のうち二六%もの映像は、直接の被災地ではない東京からの映像でした

（六局計。田中と原 二〇一一）。

さらに、田中と原 （二〇一二） は地震発生後七二時間内に在京三局（NHK総合、日本テレビ、フジテレビ）によって報道された市区町村の推移を報告しており、取材にムラのあったことが判明しています。死者・行方不明者数と報道量を対応させてみると、最初の二四時間内で岩手県大槌町、宮城県東松島市の報道が被害の割に小さく、また七二時間まで拡げてみると岩手県山田町、福島県浪江町、宮城県岩沼市が被害の割によくカバーされていません（表7）。

市町村ごとの人的被害の順位と報道量の順位との順位相関係数を計算してみると、二四時間以内の映像は相関が〇・二五と低く、七二時間全体となると〇・五三へと上昇することがわかります。このことから、初期の段階で被災の大きさに比例して報道することは困難であったか、さらには被災の状況さえ不明なところが多数あったことが推測されます。

このことを踏まえ、谷原（二〇一一）は見出しに「被災地の広さに従来報道の限界」と掲げ、こう指摘しています。「避難所の取材記者の何人もが『いままで報道してくれない

（注3） メディアがもたらす認知心理学的なバイアスも重要ではありますが、それについては池田（二〇〇〇）を参照してください。本章では報道態勢と社会的現実形成に関わる問題にとくにふれていきます。

表7　市町村ごとの被害者数と報道で伝えられた順位（田中と原，2012）

	市町村名	死者	行方不明	死者・不明計	最初の24時間		24～48時間		48～72時間		72時間全体	
					映像	音声	映像	音声	映像	音声	映像	音声
1	宮城県石巻市	3175人	717人	3892人	16位	13位	11位	13位	**6位**	**6位**	11位	**9位**
2	岩手県陸前高田市	1554	385	1939	14	16	**6**	**6**	**4**	**3**	**6**	**5**
3	宮城県気仙沼市	1027	377	1404	**2**	**3**	**3**	**2**	**5**	**5**	**3**	**2**
4	岩手県大槌町	802	551	1353	55	52	14	14	19	18	21	23
5	宮城県東松島市	1044	94	1138	77	52	13	12	20	17	22	20
6	岩手県釜石市	884	194	1078	18	18	12	11	**9**	11	12	13
7	宮城県名取市	911	70	981	**6**	**5**	**10**	**10**	11	**8**	**7**	**6**
8	宮城県女川町	571	409	980	26	25	15	15	18	12	24	18
9	宮城県南三陸町	561	341	902	24	22	**4**	**3**	**8**	**7**	**8**	**7**
10	岩手県山田町	604	211	815	－	91	48	43	37	35	65	58
11	宮城県仙台市	704	26	730	**1**	**2**	**5**	**4**	**3**	**4**	**4**	**3**
12	宮城県山元町	671	19	690	55	64	32	25	24	22	35	30
13	福島県南相馬市	640	23	663	12	**8**	19	20	22	21	15	15
14	岩手県宮古市	420	121	541	**10**	13	**8**	**8**	13	14	**10**	**10**
15	福島県相馬市	456	3	459	**9**	**7**	16	16	25	22	14	14
16	岩手県大船渡市	339	107	446	**4**	**4**	**8**	**7**	**10**	**9**	**5**	**4**
17	福島県いわき市	310	38	348	17	17	16	20	15	16	17	21
18	宮城岩亘理町	257	13	270	28	32	－	49	－	58	48	45
19	宮城県多賀城市	188	1	189	67	44	29	28	46	31	49	32
20	福島県浪江町	146	38	184	－	78	－	－	66	－	118	98
21	宮城県岩沼市	182	1	183	55	52	44	39	－	－	62	55
22	福島県新地町	109	1	110	32	25	24	25	27	25	29	26

消防庁災害対策本部　平成23年10月11日発表資料より作成

太字　10位以内
黒文字　30～49位
白抜き　50位以下

から、ここには何も届かない』という声を聞かされた。取材が追いつかないことが避難所の認知の遅れとなり、格差につながったという訴えだ」。実際、届く支援物資の量にも報道量に応じての多寡が生じていたのです。

さらに、報道の推移を議論する中で、震災後じきに原子力発電所事故の報道が震災の被災そのものの報道に影響したことも指摘されています。福島原子力発電所の事故の緊迫した状況に報道時間が割かれ、その結果、被災三県を伝える震災報道の相対的な重みが減ってしまったことがテレビ報道内容の推移からわかります（田中と原 二〇一二）。

情報の多様性の低下で失われるもの

情報源の持つバイアスからは、別の問題も生じます。田中らの著書（二〇一二）はそのことを的確に解析しています。つまり、「『注目を集める情報』と『切り捨てられる情報』との格差」（九八頁）によって、伝えられる情報の多様性が低下するのです。

一般的に、メディアから流れる情報の多様性は重要です。まして広域的な災害で、人命救助が広範囲で喫緊の重要性を帯びているなら、大きく広い範囲をカバーする報道ができれば、より支援に役立つ可能性があります。一方、メディアのプロフェッショナルは常にニュースインパクトの最大化を狙います。しかしそのプロたちの持つ報道者としての視点が類似しているとするなら、たとえ多数のメディアが存在していたとしても、とくに注目度の高い特殊な事態に報道が集中してしまう結果を招きます。

同様のことは、「多様性」を旗印にしているインターネットでも生じます。スレイターら（二〇一二）は被災直後の時期にインターネットを流れる情報がトップ二〇の関連映像のリンクに集中していたことを示しています。ユーチューブ（YouTube）の津波と地震の関連映像にブログの六四％、ツイッターの三二％が集中したのです。（田中ら 二〇一二もインターネットの視聴先の偏りの大きさを指摘しています（一三七〜一四一頁））。

つまり、テレビでもインターネットでも、震災の直後に情報の多様性が著しく低かったのです。記憶に強く残るような映像ばかりが流され続けたのもこのときです。仙台市の名取川を遡上していく津波のヘリ映像、津波が去った後の惨憺たる各地の光景、暗闇で燃え続けるコスモ石油のタンクなど、録画映像として繰返しテレビの画面を流れました。遠藤（二〇一二）は震災当日の夜九時台の報道でさえ、NHKでも民放のキー局でも録画映像を過半の時間流していたことを計量的に示しています。災害後の救援が進行中であるにもかかわらず、インパクトある映像は「現在」の報道を押しのけて流され続け、情報の多様性を低下させたのみならず、田中と原（二〇一二）で指摘されているように、必要な生活情報などのウェイトを低くした可能性が高いと言えます。

このことは関心を持って見る部外者（非被災者）と、現場で生き延びるための情報が必要な被災者との間に情報ニーズの巨大な差があったことを意味しています。テレビのキー局の視点は前者の側にありました。テレビを通じて、被災しなかった人が外から被災の恐ろしさを追体験し続ける、という構図です。

こうして関心と情報の集中による多様性の低下は、より個別情報に近いがゆえに多様な、安否情報、道路や電気・水道などインフラ系の情報、食料や水などの情報、避難所の情報、余震情報といった、その日を生き延びるための情報、つまり生活情報の拡大を軽視したのです（情報支援プロボノ・プラットフォーム 二〇一二、五五～五六頁）（注4）。

ここで論じている報道の情報源のバイアスは、基本的には報道の材料の入手可能性と、東京キー局のバイアス、ニュースインパクトに関する固定観念（視聴者は被災当事者ではないという観念）によって生じたものです。

（注4） NHK Eテレ（旧NHK教育テレビジョン）やローカル局のようにチャンネル単位でこうした情報に特化したところもありますが、それでキー局との「棲み分け」が十分だったかどうかは不明です。被災後のローカル／コミュニティのAM／FMの活躍はよく知られており、被災者もそれに接していたことがわかります（日本学術振興会東日本大震災学術調査の二〇一二年度池田班の調査結果に基づく、被災三県データによる）。

戦略的中立性がもたらすバイアスの回避

情報源のバイアスが意図的に回避される報道もあり得ます。それはとくに、マスメディアの政治報道でしばしば観察されます。

ふつうの人の想像する以上に、マスメディアが報道する情報量はその内容によって統制されて提示されています。選挙期間中の報道はその代表です。ジャーナリズムの標榜する「不偏不党性」は、見かけの印象以上に報道時間や報道量の均等さをもたらします。党派性によらない、という意味でのマスメディアの「戦略的中立性」(池田 二〇〇〇)に発するものです。

典型的な例を見ましょう。二〇〇五年の「郵政民営化選挙」です。当時の小泉純一郎首相が大勝した衆議院議員選挙では郵政民営化争点が焦点となり、首相が訴えた民営化の方針に反対した自民党からの立候補希望者に党の公認を与えなかったばかりか、それら造反議員の立候補する選挙区に自民党内から民営化賛成の「刺客」候補者を送りました。こうして、刺客 対 郵政造反組、そして対抗政党としての民主党の三つ巴の中で、刺客組がたいへんに有利に報道された、という印象を多くの人々が持ちました。

ところが実際に測定してみると、報道量はこの三者で大きく違わず、報道量の多寡が刺客組の勝利を支えたのではない、ということがわかります(稲増と池田 二〇〇七)。ですから、この点で情報源のバイアスがあったと断定することはできません。メディアは戦略的中立によって三方の情報をまんべんなく伝えており、単に郵政民営化賛成の方向に刺客を差し向ける報道をライトアップして「扇動」してはいませんでした。

では、実際には報道の中で何が起きていたのでしょうか。

メディア報道の内容分析と一般有権者の選挙行動調査とを連動させたデータ分析の結果は、有権者が新聞やテレビの刺客報道に接するほど、郵政民営化賛成の意見の記憶量を増やすが、反対の論点の記憶量は増えていないこと、民営化争点に対する意見が強度の強い方向により振れやすくなること（意見の成極化）、自民党や民主党の民営化に対する立場が明瞭に認識されること（賛成論点の記憶が増えてそうなるのですから、民営化に有利に働きます）、またテレビの刺客報道接触は政治関心を増大させていることでした。

マスメディアの情報源がどのように選ばれるかは重要なポイントですが、震災のケースと選挙のケースではその選択の分岐点が異なっていました。震災では物理的条件が大きな理由で情報源が制約され、一方選挙では情報源は多様であり得たので選択の余地がありました。その結果として異なるインパクトが生じていました。大震災直後には情報源そのものによるバイアスが生じました。情報源がカバーされなければ、当の被災地域の被害を外部へ伝えることはできません。選挙の場合には情報源が広範にカバーされかつ量的に中立的な扱いを受けていました。ですから、選挙の例でインパクトがあるとするならば、それは情報源バイアスの問題ではなく、次に述べていくような、報道の中で生じるできごとの提示のあり方によるものだということになります。それを論じるため、次に送り手の認知的バイアスや報道のパーソナライゼーションについて詳しく見ていきましょう。

送り手の認知的バイアス

マスメディアの送り手もまた、人間です。必然的に彼らも人間共通の認知的なバイアスを背負っています。

認知バイアスの典型の一つにステレオタイプがあります。報道の過程でも送り手のステレオタイプが報道対象の解釈に結びついている例が多々あります。何らかの事故が起きたとき、次々と現場から細かいレポートが伝えられてくる、それらをまとめてどう扱ったものか、そんなときに「災害といえばパニック」というステレオタイプが適用されます。このステレオタイプは記者も多くの国民と同様共有している社会的現実です。

大規模な事故のみならず、小さな事故ですら条件反射的にステレオタイプの適用がなされます。たとえば一九九二年六月二日の常磐線取手駅の列車故障による脱線事故（死者一名）報道でも、パニック・ステレオタイプは生きていました。乗客が「身動きできずパニック」（同日朝日新聞夕刊一一面）という見出しは、実はステレオタイプを見出しに掲げたにすぎないものでした。それは記事を詳しく読むと明らかになります。「悲鳴」という語に並んで、「しゃがめ、頭を上げるな、と声をかけた」「みんなで肩を組み合った」などの記述があります。これはパニックなどが発生していないと推定し得る十分な情報であるのに、事故に対するステレオタイプな反応が見出しになってしまっているのです。

さらに数日後の後追い記事で「訂正」が入っています。「恐怖と『心の準備』交錯」と題して、より現実に即した記事が出たのですが、その報道ではもはやパニックという言葉は見あたりません。

楽観的可能性に引っ張られたテレビ報道

同じことが福島第一原子力発電所の事故後にも繰り返されました。しかも今回はパニックを念頭に置いたため、実害を引き起こした可能性があります。

「パニックを恐れた」のは、第3章で見たように、直接的には枝野幸男官房長官をはじめとする政府首脳であったのですが、報道する側もこれに呼応してしまいました。パニックを恐れたのはまずは政府ですが、メディアもまた認知を共有し、反論したり、別の報道のあり方を探ったりはできませんでした。藤森（二〇一一）が指摘したように、マスメディアもパターナリズム的に「パニック回避」を選択し、政府の主張に沿ったままの「大本営発表報道」を続けたのです。官邸もメディアもパニックに関する認知的バイアスを共有していたと考えられます。

手短に事故を概観しましょう。福島第一原子力発電所では震災発生後一時間内に津波の来襲を受け全電源が喪失、原子炉が冷却できず、危機的な状態になりました。冷却できなければ、時間とともに危機は増大します。対応が遅れる中、翌日午後、炉心溶融（一般的にメルトダウンと呼ばれる現象）の可能性を指摘した審議官が直後に実質的に更迭されます。政府はその可能性をただちに認めることをためらったのです。皮肉なことに、これと並行するように一号機は水素爆発を起こし、ようやく夕刻になって炉心への海水注入がはじまります。注入と並んで圧力低下に必要な原子力格納容器のベント（排気）は三号機や二号機でも相次いで試みられますが、一五日までの間にいずれも水素爆発を起こします。事態に対応して、事故直後から段階的に避難の指示が出されました。一号機の水素爆発後に二〇キロ圏内避難指示となるまでに矢継ぎ早に拡大されました(注5)。

後に明らかにされたところによれば、一二日の朝の段階で原発周辺地域には放射性物質が飛散していたのです。避難指示の警察官は防護服をすでに着用していましたが、この時点でもさらに後の時点でも、テレビメディアの報道は及び腰でした。その背景には政府の抑制的対応姿勢に加え、日本では原子力発電所の過酷事故（シビアアクシデント）は起きないとされる「安全神話」の言説が震災前には広く流布していたことがあります。神話への固執とパニックを恐れるステレオタイプの共振です（注6）。

とくに初期の報道において、テレビに出演した解説者は事故に関し、起こり得る事態をもっとも楽観的に表現し、局アナやキャスターはそれを追認、「安心いただきたい」と念を押す場面もありました（伊藤 二〇一二、七六頁）。政府や東電から伝えられる情報の量の少なさもあり、実際に起きていることは容易に特定できず、可能性の幅は広いものでした（原子炉内の燃料棒の状態に関し「観測できるデータが非常に限られ、推測するのは難しい」：三月二八日時事通信報道）。つまり、炉心溶融が進行し、放射能漏れが広範に拡散する悪い可能性から、安全な容器の中で放射能が閉じ込め可能であるという楽観的な可能性まであり得た、と言えるかもしれません。いずれの可能性も報道で否定することは困難であったと思われますが、実際にはテレビは楽観側を強調したのでした。アナウンサー

（注5）当日の原子力緊急事態宣言後の避難指示以後、さらに三月一二日午前六時前に一〇キロ圏内避難指示、同日午後六時過ぎに二〇キロ圏内に拡大しました。そして一五日には二〇～三〇キロ圏内住民に屋内退避、二五日には同区域内の「自主避難要請」が出されています。

の表現のように、「すでに事態は、『（原子炉が）冷やしにくい状況』ではなく、『冷やせない状況』であり、解説者が言うような『放射性物質が外に出てしまう可能性がある』状況を超えて、ベントを実施すれば『放射性物質が外に出てしまうことが確実な状態』にあった」（伊藤 二〇一二、七三頁）にもかかわらず、楽観側が強調されたのでした(注7)。

三月一五日、放射能漏れが生じる事態になっても、枝野官房長官は会見で「ただちに健康に影響を与えるレベルではありません」と述べ、避難に関しても「これは念のための指示」であると言い続けました。「ただちに影響はない」のフレーズは、次々とマスメディアによってオウム返しのように繰り返され、人々の耳に強く残るほどのものでした。

このような「危険の可能性」の最小ラインに基づく報道には、多重の原因が考えられます。政府や東京電力の発表情報に対する依存、スタジオに招いた研究者の持つ専門家としてのバイアス、「安全神話」という過去の文脈、そして報道する側のパニックに対する認知的バイアスが、相互強化という形で報道を構成していったのでした。

連続した水素爆発や放射能漏れの事実が明瞭になってくる中でも、状況の悪化を認めにくかった背景には、さらに認知心理的な「アンカリング」現象があったと考えられます。アンカリングとは、初期の判断にしばられ、後の判断もその線上に引き寄せられるバイアスです。リスクの過小な推定が、その後の事実の露見にもかかわらず、過小な方向に引っ張られることを意味します。アンカリングは第4章で一般的信頼の形成に言及する中でふれたように、人の判断に影響します。

こうして、事故が本当に悪化し、現実は明らかに過酷事故だと認めざるを得なくなるま

（注6）関谷（二〇〇五）は、そうした安全観は二〇〇〇年代には崩壊していたと指摘しています。しかしそれ以後、CO2排出の少なさを売り物にして安全神話は復活していたのではないかと思われます。「安全神話」は原発反対派に対する対抗的な言説として広く流布され、電気事業者や規制当局までそれを共有し、安全性を楽観視する傾向が生じ、過酷事故への対策が怠られる大きな要因となりました（民間事故調報告書、二〇三、二四七頁）。政府事故調報告書もこの安全神話を被害が拡大した根源的な問題として厳しく糾弾しています。さらに、事故後に指摘されている象徴的な事例を一つあげましょう。原子力災害ロボットの開発停止です。一九九九年の東海村のJOC臨界事故後に三〇億円が予算化され原子力災害ロボットが開発されたにもかかわらず、このロボットが必要になる事態は日本では起きないとして、経済産業省がその後の予算化を打ち切ったため、放置・廃棄されたのです。安全神話が「事実」と混同され、過酷事故に対する対策は完全に欠如していたのです（日本経済新聞 二〇一一年四月一〇日電子版）。

（注7）新聞報道はこれとかなり異なっていました（奥山 二〇一二a、b）。瀬川（二〇一一）は、新聞報道は後になるほど、記事が慎重になったことを指摘しており、「発表ジャーナリズム」と言われても仕方がないと指摘しています。

で、リスクの過小評価は持続します。

震災報道のパーソナライゼーションの光と影

報道するできごとの「パーソナライゼーション」もまた、認知的バイアスを引き起こします。

東日本大震災の報道では、パーソナライゼーションが顕著でした。政治的アクターとしての枝野官房長官、菅直人首相に並び、原子力安全・保安院の記者会見を長らく担当した西山英彦審議官らの姿は、大写しにされ続けました。そして、現場でリスクの大きさにたじろぎながらも勇敢に対応した「フクシマ五〇」と呼ばれた無名の作業員たち、怒りを爆発させて対応を遅らせてしまった首相、まともな現場指揮のできない愚かな保安院や東電幹部、といった様相が浮かび上がりました。

アクターの姿に焦点が当て続けられるパーソナライゼーションによって、事態への対応の仕組みの根底にある構造的欠陥が指摘されにくくなり、攻撃の対象となるスケープゴートが作り出されるという問題を指摘することができます。それは松本（二〇一二）が「構造災」の語で、制度設計のあり方や機能不全の問題が福島の事例でも見落とされていると、明瞭に指摘した通りです。

ただその一方で、視聴者に意思決定者の決断力と責任の重みをパーソナライゼーションが理解させたことは否定できません。原子力発電所の事故の制度的・政策的な問題と並んで、「いまそこで事故と闘っている人々」「苦しんでいる人々」を取り上げ、かたや首相の介入の場当たりさかげんや「決断力」の無謀さ、あるいは枝野官房長官の低リスクの強調によるパニック念慮、東京電力の幹部が右往左往するありさまは、ひしひしと伝わり、政府の危機管理能力を疑わせ、多くの人々を愕然とさせました。制度信頼の根幹の重要部分である、事態対処の代理人の現実の姿を露わにしたのです。この意味では、パーソナライゼーションは批判的な報道の役割を果たしたと言えるでしょう。

したがって、パーソナライゼーション自体が問題なのではなく、パーソナライゼーションが生じることで後述するアイエンガーの言うような「意図しない解釈」「社会的に不都合な解釈」が生じることが問題なのです。つまり、問題の社会的な解決でなく、できごとをスケープゴート化するだけにとどめてしまうことにこそ、問題があるのです。

パーソナライゼーションの遍在性

より一般化して言えば、政治・経済のことがらでも事件でも、報道では、アクターやプレイヤーは個人であり、できごとや事件がその個人に焦点を当てて取り扱われる傾向があります（ラニー　一九八三）。できごとの主体が集団や機関ではなく、個人がアクターであるように映し出されるのです。それは人間一般に共通する認知的バイアスであり、まさにパーソナライゼーションです。国際ニュースなどではとくにそれが顕著に現れます。ギリシャの債務問題に端を発した二〇一一～一二年のユーロ連鎖危機に立ち向かう主要なプレイヤーとして、国際通貨基金（ＩＭＦ）やヨーロッパ中央銀行という組織ではなくて、ラガルド専務理事やドラギ総裁が政治的アクターとして奔走しているように報じられるのです。

テレビの報道では画面の構成までもがパーソナライズされる結果として、ニュースの受け取り方や解釈に、アクターの姿の非言語的な側面が重要となってくることが避けられません。あの党首の不敵な面構えや語り方はあの政党の姿を如実に表しているのだとか、あれほど貧しい国なのに元首の顔のつややかさは何だ、不当に利益を得ているに違いない、といった非難は、こうした傾向性から生じています。

結果として、社会的なできごとがパーソナルな力の動きによって解釈されがちになります。「小沢一郎の執念」が内閣を操っているなどという、長い間、巷間まことしやかに語られた表現がそれです。パーソナライゼーションの欠点は組織の論理や全体の社会的なメカニズムを見失うことでありましょう。構造災と同様のことがここでも生じるのです。社会問題の追求においても、パーソナライズされたエピソード的なニュース提示の仕方では、たとえば失業問題を論ずるのに、その産業的構造的背景などの社会的なメカニズムがそれを引き起こしている、という認識を遠くに押しやってしまうことになります。

アイエンガー（一九九一）が見事に示したように、アメリカのマスメディアは（日本でもそうですが）、社会問題をエピソード的に扱いがちです。彼は、そのことが当の問題の社会的・政治的背景やその問題の生じる条件そのものを論ずる機会を少なくしていることをデータの上で指摘した後、社会問題報道のエピソード的な扱いが何をもたらすか、実験をしています。この研究はやや年代物ですが、記念碑的な研究ですので紹介しましょう。

実験で取り上げた報道は、貧困、失業、人種間の不平等、犯罪とテロに関するものから、当時のアメリカ・レーガン政権の武器売却問題にまでわたっていました。実験は、これら争点をエピソード的に扱った報道を視聴するか、問題の社会構造的政治的全体像を論じるようにテーマ的に扱ったものを視聴するかで、人々がその争点の原因が誰にあると認知するのか、問題を解決する責任は誰にあると認知するのか、が異なるかどうかを検討したものでした。実験素材はすべて現実に放送されたニュースの中から選ばれ、その素材を他のニュースに紛れ込ませて実験参加者は視聴させられました。

実験の結果、一貫していたのはこれらニュースの扱い方が有権者の争点に関する認知、なかんずく原因や責任という帰属認知に大きく影響するという点でした。エピソード的に扱えば扱うほど、社会問題は社会の側にではなく、その問題に苦しむ人のパーソナルな原因に帰せられました。失業したのはその人が悪いのだ、というように。これは大変に大きな問題です。原因や責任を特定の人物固有のパーソナルな要因に帰してしまうのは、問題を社会的・政治的な解決に導く障害になるのです。

ソフトニュースの中のパーソナライゼーション

時代は下り、現在でもパーソナライゼーションの傾向は姿を変え、さらに強調されて現れています。「ソフトニュース」の登場が拍車をかけたのです。よく知られたバウム（二〇〇三）の研究を見ていきましょう。

ソフトニュースとは、ニュースや社会的な情報を伝えながらも、そこに娯楽志向が根強くあるニュースのことです。人間的な興味や関心から、事件やできごとに関心を抱く、そうした視聴者を念頭に制作されるニュースです。日本ではワイドショーに典型的に見られます。田中眞紀子議員は小泉政権時代に外相として外務省職員とトラブルを起こしたのですが、彼女が二〇一二年に文科相に就任したというニュースは、ハードな政治ニュースであると同時に、文科省職員との間でも「バトル」を起こすのか、といった興味をそそる要素を含むソフトニュースでもあるのです。バウムは、とくにアメリカが関わる海外の戦争(foreign crisis) のニュースを取り上げ、そのインパクトを検討しています。

ソフトニュースの視聴者とハードニュースの視聴者はあまり重複しません。バウム（二〇〇三、4章）によれば相関は〇・一九と弱い。したがって少なくともアメリカにおいてはハードニュースの視聴者とはかなり異なる視聴者がソフトニュースの視聴者です。

バウム（二〇〇三、5章）は、近年のソフトニュースの増加によって、その視聴者が徐々に政治や外交により注目するようになり、自分なりの意見を持つようになった（意見化（opinionation）が進んだ）ことを指摘しています。政治的知識の吸収と明確な政治態度の形成という、能力ある市民の育成が政治的に重要な課題であることを念頭に置けば、これは明らかにプラスの副産物です。しかしこの副産物は、党派的な政治的争点というソフトニュースになりにくい領域では生み出されないことも実証されています。換言すれば、パーソナライゼーションが働き、劇的な要素のある国際紛争の場面と関連するとき、ソフトニュースは政治的なプラスの副産物をもたらしていたのです。

日本でも、ソフトニュースのインパクトは、小泉政権以後、声高に語られるようになりました。二〇〇一年参議院選挙における、小泉純一郎新首相に対する「純ちゃん」ブームなども、首相の政策的な意見に対するハードな政治ニュースではなく、彼の振る舞い方、口舌のさわやかさやおもしろさにインパクトがあったのです。そしてそれはワイドショーで、視聴率拡大の決め手となっていたのです。

小泉首相の下での二度目の衆院選となった二〇〇五年の郵政民営化選挙においても、ソフトニュース接触は、人々の関心と参加の増大をもたらしました。つまりその意味ではプラスの副産物だったのです。またさらに、そのインパクトの方向は、郵政民営化の利点に注目し記憶することにあった点から見れば、政治的な方向性としては、小泉首相に有利に働いたということができるでしょう。注意が必要なのは、刺客や小泉首相の言動により時間を割いたから影響が生じたのではない、という点です。報道量は可能な限り均等でありつつ、なおかつそこで生じた「小泉の戦い」というパーソナライゼーションが小泉に対して有利をもたらす点があった、ということです(注8)。

●情報解釈の代理人としてのマスメディア

第4章で制度信頼について議論した際に、パイロットや医師はリスク対処の代理人だと指摘しました。制度が安心の構造を形作り、その先端でパイロットや医師は乗客や患者に対して自らに託された信頼を全うしようと、リスクに立ち向かうのです。乗客や患者は彼らにリスクへの対処を委任し、対処が実現されることで制度全体の信頼が強化されます。これらと対比させると、マスメディアのもたらす制度的リアリティは何の代理人なのでしようか。

マスメディアに期待されている役割の一つは、リスク対処の代理人ではなく、情報監視の代理人となることです。広い世界の環境を監視しながら、ひとたび問題ある事象の生起を察知すれば、これに関心を持った市民が当の事象とそれが喚起する世論に関与していくのを情報的にサポートする、つまり世論の状況を伝え、関連情報を体系的に提示する、ということです（プライス 一九九二）。そのためにマスメディアは、市民の代理人として、広い範囲の社会事象に注視し、情報センサーを張りめぐらし、世界で何が生じているかを監視するのです。

この監視役割は容易ではありません。というのは、収集した情報をすべて並べて伝えればよい、というわけではないからです。取材した情報の一割程度を伝えられるかどうか、それくらい伝達し得る量は限定されています（ガンパート 一九八七）。インターネットに報道を掲載するときですら、トップページで何を強調するかなども含め、取捨選択が必要です。この手続きを経なければ情報収集・監視の代理をしたことにはなりません。ホテルのコンシェルジェのように、受け手にとって必要な情報を提示できることが代理人の重要

（注8）全体的な日本でのソフトニュース化の動向は谷口（二〇〇八、4章）を参照してください。

な役割になります。そしてそこで提示される情報は、社会的共有世界のバックボーンとして、また世論形成の土台として機能するよう求められるのです。本章「マスメディアの作り出す『共有世界』」の節で見たように、できごとの解釈の枠組みを示し、何がそこで起こっているかを定義するのです。それはエジプトの例に示したような多重的な社会的現実の一部だけを切り取ってハイライト化することで、受け手にとって解釈しやすい現実の像を提供するのです。人々はこの像を受け入れ、それに基づいて行動します。その意味では、マスメディアは共有世界のバックボーンです。しかし提示する情報源のバイアスやステレオタイプ化によって、バックボーンとして適切な役割を果たしているかどうかが、常に問われているのです。

一般的には、マスメディアでは第4章に見たようなインフォームドコンセントの論理は問題にされていません。受け手の合意を諮ることなく、送る側が圧倒的な情報の優位に立つ、という構造が存在するのです。送り手と受け手の間の合意を経て情報が伝えられるようになることは考えられていないのです。医療の世界で起きていることと対比すれば驚かざるを得ません。もちろん、新聞への投稿など読者の参加のルートは存在します。しかしそれらはメディアの特徴的な側面ではありません。

また、識者のコメントを誰に求めるかなどは、マスメディアの恣意に任されています。

「朝日知識人」などという言葉があるように、記者やディレクターのパーソナルなネットワークや権威を頼る傾向性で「識者」は決まってしまいます。適切な識者だったか、が問われるような機会も少ないと思われます。福島第一原子力発電所の事故の後にスタジオに招いた識者のコメントが「御用学者」だとインターネットでたたかれたのが珍しい例に見えるほどです。

もちろん視聴したり読者になるのは「自由」ですから、嫌いなら見聞きしたり読んだりしなければよい、代替的な情報源ならインターネットで多く接触可能だ、という一般的な言明は可能です。しかしながら、マスメディアの社会監視機能を考えるとき、そうした言明に説得力はありません。プロフェッショナルとして組織網をめぐらして取材していることの意味です。

一方、第4章でふれたように、電子機器がブラックボックス化し、それがインフォームドコンセントを困難にするような事態は、マスメディアでは起きていません。

科学や行政組織のブラックボックス化と異なり、マスメディアは情報の入手が複雑で秘匿可能で特別な人々にしか理解できないことに問題がある、という状況にはありません。現代は情報の入手に関してはより透明（transparent）な状況が広範に拡がり、インターネットを通じて、さまざまな人々が情報の入手者となり発信者となる状況が生じています（注9）。情報機器とインターネットの発展によって、オルタナティブな情報源がさまざまに遍在し、どこかで誰かが事実を視ていてそれをマスメディア以上によく伝えることが可能になっているのです。場合によってはマスメディアの取材者が入り得ない内部告発系の情報ですら容易に世界へ発信し得ることは、ウィキリークス（WikiLeaks）などの例からわかります。

こうした対抗的な情報源／対抗的なインターネット・メディアが、おそらくインフォームドコンセントと同等の役割を果たし始めており、マスメディアが情報解釈の代理人として機能する補完をしているのです。この点で、マスメディアとインターネットとの間には緊張した相互依存というべき関係が存在します。

さてここまで、あたかもマスメディアが一枚岩であるかのように議論をしてきましたが、「マスメディア」は一個のパーソナライズされた実体ではありません。

個々のメディアがそれぞれに取材し、記者も報道各社の視点も多様なら、社会的な情報の監視は多様であり得、報道のあり方もまた多様なはずです。しかし実際は、独立して取材したはずの個々のマスメディアの内容が類似しており、情報の多重的なチェック、多角的な視点を提供できていないことが長らく指摘されてきました。これをマスメディアの共振作用と言います。中国で大規模に伝えられていた反日報道が一日でぴたっと止まってしまうというような事態は体制に起因することですが、外部の制約の弱い日本でさえ、異なるマスメディアの間で報道内容が類似してくることは萩原らによって指摘されています。一九九〇年代後半のテレビニュース・新聞報道の分析では、三大紙の中の報道の類似性はとても高く、またＮＨＫもそこから大きく離れるものではなかった一方、民放の報道は映像性などの点でこれらとやや異なることが示されました（萩原二〇〇〇）。

同様の事態は、東日本大震災後の報道にも当てはまるようです。田中ら（二〇一二）は、震災後三カ月間の新聞（朝日、読売、毎日、日経）の記事を分析し、確かに「横並び報道」が存在していたことを実証しています。

対立する視点は対立するリアリティを作り出す

一方、何を伝えるか、何が報道の対象だったかという以上に、どんな議論が報道でなされていたかについて検討すると、異なる側面が浮かび上がることも田中ら（二〇一二）は指摘しています。たとえば読売新聞と日本経済新聞が原子力発電所の利用

（注９）取材源の独占がなされているとして問題であった記者クラブもオープン化が進んでいます。

に前向きで、朝日新聞と毎日新聞は消極的である一方、朝日新聞と日本経済新聞は代替エネルギーの利用に関してともに積極的であることなどです(注10)。

こうした分析は、異なる立場を多様に伝えるメディアの重要な一機能が果たされていることをよく指摘しています。他方、その逆機能として、マスメディアが社会的な対立を先鋭化させる役割も果たしていることも意味しています。異なる立場はしばしば対比的に描かれ、対立は現状以上に強調されがちです(カペラとジェイミソン 一九九七)。

社会的な対立がメディア間の対立として先鋭化する現象も見受けられます。二〇一二年アメリカ大統領選では、ケーブルテレビなどのテレビメディアが、支持する候補者の主張の根拠を必ずしもチェックせずに報道するなど、党派的な偏りの目立つ報道が展開され、問題となりました。共和党寄りのレッドメディア、民主党寄りのブルーメディアという言葉が示すほど報道内容は党派性を帯びており、改めてメディアの公平さが問われたのです(注11)。類似の事象は台湾などでも顕著に見られます。

一方で、同じメディア内で描かれる現実の像も、対立や紛争、競合の形で社会的現実が提示され、社会の中で対立する複数の社会的現実が併存していることがしばしば強調されます。ニューマンら(一九九二)は、テレビニュースの三割がこうした形でニュースを構成しているといいます。

日本の報道でよく指摘されるのは、政策よりも政局に焦点が置かれることでしょう。政局とは、短期的な政治情勢の中での党派間の主導権争いを指します。社会問題を解決するための政策を検討するよりも、政策争点をめぐる党派間の対立と不一致がハイライト化され、社会は分断方向にバイアスを持って描かれるのです。政局が沸騰すると、報道時間は延長され、対立する党派のトップとキャスターとのやりとりの中で、各党派はそれぞれの視点からの社会的現実を強調し、他党の現実感覚を批判し、メディアは合意よりも対立をライトアップします。二〇一二年一一月半ばの衆議院解散から総選挙に至る過程でも、赤字国債の処理や選挙制度改革への対応などの、解散するために合意した事実よりも、混乱と対立が中心に報道されました。

多元的なメディアの存在こそが、民主主義の発展に不可欠な情報環境的土壌を形成するのであれば、情報源の多様性の確保、あるいは共振の抑制は重要です。しかし、これは一

(注10) さらに、メディアの範囲を拡げた検討がなされています。佐野(二〇一一)は科学コミュニケーターという専門的見地から週刊誌の記事まで含めた分析を行い、「『安全』強調したテレビ/『安全』を疑った週刊誌」という関連づけを示しています。

(注11) NHK「米大統領選挙——メディアの新たな動き」(二〇一二年一〇月九日:http://www.nhk.or.jp/worldwave/marugoto/2012/10/1009.html)を参照してください。

般の市民に多様な報道の中から選択を求め、「何が主たる重要なできごとか」「どの主張や現実の提示を信じればよいか」と個々に判断を迫ることと同じです。市民自身が判断の主体になれというのは、社会的現実の大きな制度の層に何が重要で何が正しいかという規範的な判断の根拠の土台を期待することはできず、小さな制度の層や個人の信念の層に判断を委ねることを意味しています。マスメディアの情報解釈の代理人としての可能性と限界の境界点がここにあります。もちろん市民自身が判断の主体であるのは当然ではあるのですが、彼らの社会的現実の形成に負荷がかかることは否定できません。すべての社会争点事象に毎回重い判断を期待することは困難です。

●インターネットがもたらす変化

テレビや新聞には接触せずに、インターネットからニュースを知るのは、とりわけ若い世代では一般的です。では、インターネットがマスメディアと異なる社会的現実の形成手段として機能しているのかどうか、次に考えてみます。

まず、社会的な情報の流通の全体像を概観しましょう。池田（二〇一〇b）の概念図が図12です。

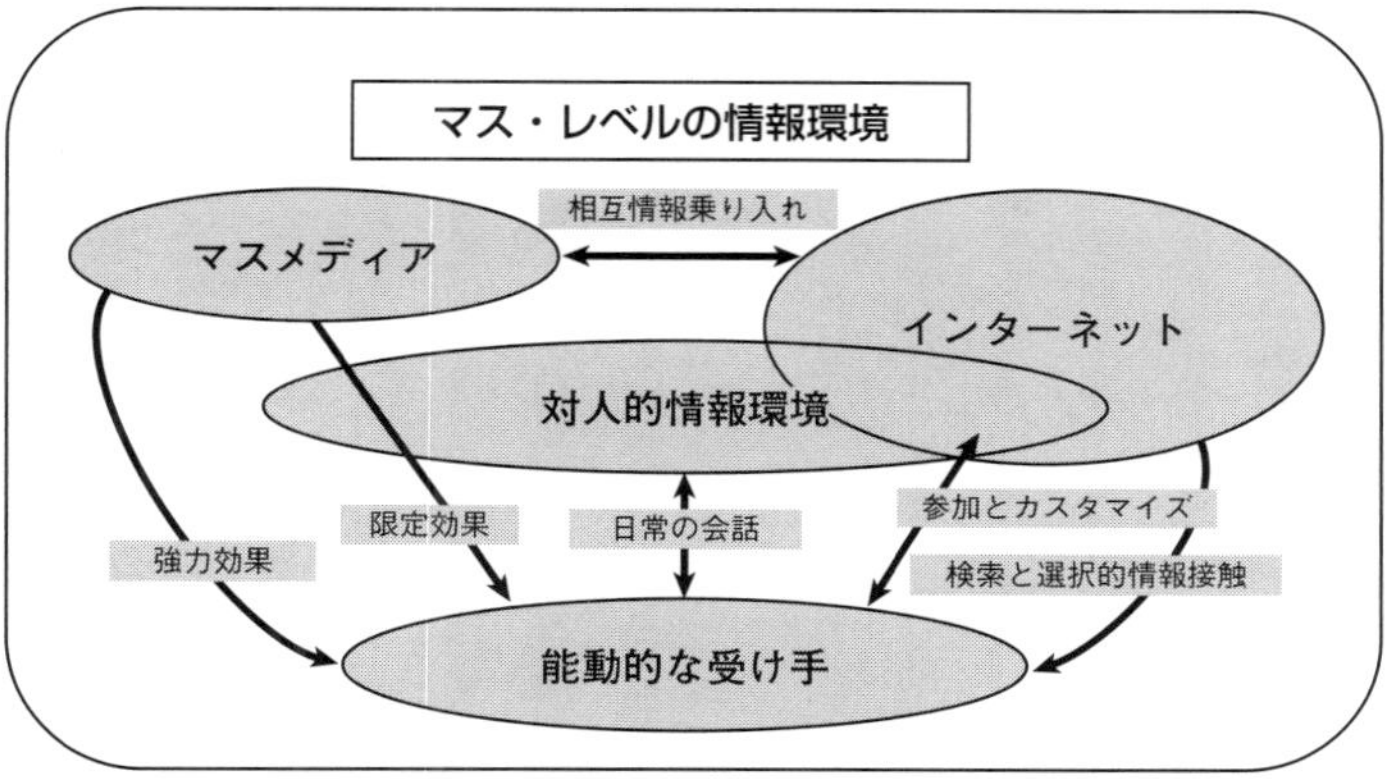

図 12　社会的な情報の流通の全体像（池田，2010b）

私たちは、社会的現実を構成する情報的な素材である「情報環境」の中に暮らしており、そこから社会に起きたさまざまなできごとの情報を取捨選択しつつ取り入れ、また片方では私たち自身が発信源となります。こうした一般市民の取捨選択と発信の力を指して「能動的な受け手」と呼びます。「受け手」という用語は元々マスメディアの情報の受容者としてしか見なされなかった一般の市民をそう呼び習わしていたことの名残です。いまでもそうした受動的な受け手は存在していますが、情報環境の全体像は大きく変化しており、能動的な受け手として市民をとらえることが適切です。

受け手の側から見た情報環境には、対

人的情報環境とマス・レベルの情報環境の区分をするのが一般的でした。

対人的情報環境は、私たち自らの周囲の人々で成り立つソーシャル・ネットワークや、私たちが参加している集団・団体・組織などの場の中で語られる／書かれる情報によって構成されます。いまではインターネットがその重要な部分を担っています。フェイスブック（Facebook）やツイッターという情報源は、「一般人」も「有名人」も法人などの組織からの情報も発信しますが、ソーシャルメディアとしての対人性を備えています。つまり個人的に情報のやりとりのできる相手を特定できるという基本的な性質です。もちろん何万人もフォロワーがいるツイッターの語り手と相互作用するのは確率的には容易ではありません。一方、ハッシュタグを用いて自分以外の何万人の人と同時に、テレビ中継を見たりしながら同じできごとに対して拍手や感想をリアルタイムに共有するようなことは容易です。つまり対人性のレベルは数的に巨大でもあり得ます。

他方、マス・レベルの情報環境は、大量のコミュニケーション手段を有する「送り手」、一般的にはマスメディア、によって構成されています。マスメディアが与える市民に対する影響力は、二〇世紀の間、メディアから受け手への直接的な経路（「強力効果」と呼ばれる効果をもたらす経路です）と、受け手の持つ対人的情報環境を介した経路（「限定効果」の経路）が存在すると実証されています。両者の影響力の強弱は長い間研究の対象です。一九八〇年代後半までは多くの人々にとって、この二つの経路しか存在しませんでした。

いまではインターネットは、マスメディアを凌駕するほどにマス・レベルの情報環境の一角を構成してもいます。そして、マスメディアと相互に情報を乗り入れしていると言えるでしょう。マスメディアがインターネット上に直接情報の出口（テレビや新聞社のWWWサイトやマスメディア由来のヤフーニュースなど）を持つと同時に、インターネットに流れる情報がピックアップされて従来のマスメディアの報道に乗り広範に流通する出口もまた存在します。NHKの朝七時のニュースが、インターネット上で著名になった動画を紹介するコーナーを持っているのは、その一例でしょう。インターネット上で交わされる議論や流される情報が、マスメディアのニュースとなることも珍しくありません。さらに、インターネット上の発言の中で、マスメディア由来の報道や画像・動画を引用することも広く行われています。

インターネットとマスメディアの大きな違いは、マスメディアが「情報解釈の代理人」として比較的に閉じたシステムを形成していることです。他方、インターネット上の情報は、個々の発信者レベルではマスメディアと同様の「閉じた」発信元になっているものも多くありますが（発信者としての政府、新聞、テレビなど）、全体として発信者どうしがフラットに平等で、市民個人の発信者もマスメディア的発信者も、情報の発信という点において信憑力に差はありません。信頼を得られる情報、有益な情報がどれか、あらかじめ決まっているわけではないのです。インターネットの中で政府からの情報の信頼性・有益性がそもそも高い、というような形式的な要件で区別されてはいません。情報の発信者自らが送り出す情報について信頼性や説得力を紡ぎだすのです。これが各サイトの影響力の差異をもたらします。もちろん、市民は誰でも自ら発信者の一人として「参加」することが可能ですし、信頼を得て大きな影響力を発揮することが生じます。このことは後に見るように、社会的現実の形成に大きなインパクトをもたらします。

インターネットはこのように位置づけることができますが、インターネットの出現が何をもたらしているか、概観しましょう。

インターネットが情報環境を変えた

第一に、マス・レベルの情報環境と対人的情報環境の境界が不明瞭になりました。インターネット上のインフルエンシャルは時に数十万以上のフォロアーを持ち、小さなマスメディアよりも大きなインパクトを持ち得ます。またマスメディアの中から記者の個人的なツィターを通じて追加的な情報を流したり、あるいは番組アカウントや政治部アカウントと関連づけて組織的にマスメディア上の放送内容・報道内容に言及したり、ファンサイトを主催する形でのインターネットとの相互受け入れをすることも両者の境界の垣根を下げています。こうした相互の参入は東日本大震災の災後の対応を通じてますます明らかになりました（杉本 二〇一一、本保 二〇一一）。

第二に、インターネットは情報流通の方向性を変化させて、一般の市民に社会的なエンパワーメントをもたらしました。二〇世紀のマスメディアは発信者として特権的な立場を有していましたが、インターネットを通じて誰もが発信者になり得ることが、この構造に楔を打ち込んだのです。そのことで、インターネットはマスメディアに代わる代替的な情報資源になり得ています。これは劇的な変化です。

広く知られているように、個人がホームページを有したり、ブログを書いたりして発信することはもとより、多様なソーシャルメディアを通じての交流や発信は、発信者の日常の活動の範囲内の多様な情報やできごとの共有を可能にし、時に多数の注目を集めます。私たちの研究室で行った二〇一二年全国ネット調査では、二十代から四十代までのＳＮＳ利用者に対して、インターネット上での発言について尋ねました。表８に見るように、積極的に発信する人がいくつかのＣＧＭ（Consumer Generated Media：消費者がコンテンツを生産するメディア）で二割を超えています。これらを集計すると少なくとも一つのＣ

表8　SNS 利用者とインターネット上での発言（2012年池田研究室調査）

	このメディアを通じて積極的に発信する方	情報発信はしないが、他の人にコメントする	閲覧はするが、情報発信やコメントはしない	知っているが使ってはいない	聞いたこともない	合計（N＝979）(%)
ブログ	20.5	12.6	35.4	29.5	1.9	100.0
Facebook	24.7	20.5	22.5	31.1	1.2	100.0
mixi	14.9	18.8	24.8	38.7	2.8	100.0
Twitter	25.8	16.0	27.3	28.4	2.5	100.0
Google+	3.6	6.6	22.8	59.8	7.3	100.0
GREE	2.9	5.2	18.2	67.3	6.4	100.0
クックパッド	3.0	7.2	48.5	30.7	10.6	100.0
価格.com, @Cosme などの商品レビュー・価格比較サイト	6.4	7.8	63.1	18.5	4.2	100.0
Yahoo! 知恵袋などの Q&A サイト	5.1	8.5	65.6	17.2	3.7	100.0
オンラインコミュニティ・掲示板	6.0	8.2	42.8	36.5	6.5	100.0
Wikipedia などの知識共有サイト	3.0	3.3	64.7	21.9	7.3	100.0
del.icio.us などのソーシャルブックマークサイト	1.1	3.4	11.3	39.2	44.9	100.0
オンラインゲーム	4.9	6.2	18.7	57.5	12.7	100.0

GMで積極的に発言する人は五五％に達し、二つ以上での積極的発信者も三二％になります。さらに、他者の発言に対するコメント程度までの発言者まで含めると、八一％のSNS利用者は少なくとも一つのCGMで何らかの発信をしており、二つ以上の場でも五九％がそうしていることが判明しています。二〇世紀のマスメディアの時代にはあり得なかった、個人による膨大な発信量です。

さらにユーチューブなどでは世界的に注目を集める動画も、無数にアップロードされていますし、映像へのコメント機能はニコニコ動画などでは中心的な部分になり得ています。

第三にインターネットは、集団形成のインフラストラクチャーを多様に開花させてきました。初期の電子会議室、2ちゃんねるのような公開掲示板、二一世紀になって創出したブログ、ミニブログ、ソーシャルメディア、オンラインゲーム、質問サイト、これらはいずれも新しい集団形成の手段でもあったのです。こうして、日常的な物理空間を越えて、多様な関心と関係性によって結びつく無数の集団を形成させたのがインターネットです。同一のメッセージや画像・動画を焦点に集う集団のサイズも、二人から数百万人以上の規模になり得ているのです。

こうした集団形成は同時に、集団による組織だった行動を可能にします。インターネットでつながったメンバーどうしが迅速に連絡しあい、現実の世界に対してただちに行動の準備を開始するなどのことが促進されます。東日本大震災後のソーシャルメディアが被災地の外で、救援を含めたボランティア活動の重要な核となったことはさまざまに指摘されています。「助けあいジャパン」(http://tasukeaijapan.jp/)などのサイトがボランティアの行動をたばねる効果を発揮したのもその例です。

第四に、避けられないことですが、インターネットを通じた社会的現実形成には不確実性の高さがつきまといます。個人や組織・団体の発信力の飛躍的増大は情報のオーバーロード問題を深刻化させます。この処理情報の増大は受け手には消化しきれない巨大な「情報爆発」が生じているだけでなく、どの情報をベースに自らの社会的現実を組み立てるか、という不確実性につながります。これをもう少し詳しく論じましょう。情報があふれている中で、インターネット内では社会的現実の三層それぞれにおいて現実形成のあり方が大きく変化する途上にあります。

インターネットが社会的現実形成を変えた

いままでの議論では、社会的現実は大きな制度の層、対人的な小さな制度の層、人々が持っている信念の層から成り立つと述べてきました。ここでは、それぞれの層において、インターネットがどのような変化をもたらしたのか、順に見ていきましょう。

大きな制度の層とインターネット

大きな制度の層にインターネットはどんな変化をもたらしたでしょうか。

情報インフラとしての側面から見ると、インターネットにはそれ固有の制度的な正当性の後ろ盾がない、というのがポイントです。マスメディアは、前節で見たように、大きな制度の層の主要プレイヤーとして情報解釈の代理人の地位さえ得ていました。ところがインターネットはそれを欠くばかりか、個々の情報の発信源が自ら信頼可能だと「保証」しなければならないのです。情報の送り手に対して、自ら発信する内容の「正しさ」「もっともらしさ」「適切さ」を受け手が確信できるよう、説得的な情報であるよう、迫るのです。

一つの極端な例ですが、東日本大震災後に千葉県市原市のコスモ石油が大火災を起こし、それが有害なガスを含んで雨とともに降り注ぐ、という「デマ」がツイッターで、リツイートによって転送・拡散され続けて広範に流布された事件を見ましょう。デマ情報の中には、このデマが制度的に「正しい」ことを装おうとして、厚生省からの通達だ、医師会や自衛隊の人からの情報などと付け加えているものが含まれていました。自らを信頼可能だと、受け手に対して強調しようとして付加されたのがこうした情報でした（安田 二〇一二）。急速にデマが収束し得たのは、コスモ石油側からの強力な正式の否定でした（ＬＰ

ガスが燃焼して有害ガスが発生することはない、というロジカルな根拠を含む）。デマが制度的な裏付けを装うだけの情報であった一方、コスモ石油という制度的アクターの公式声明とヤフーなどのネットニュースのバックアップは、信憑性あることを装ったデマより社会的現実度が高いと受け取られたのです。

インターネットでは固有の制度的な保証がないために、マスメディアが代理人として保証していたのと同様の共有世界は構成困難となります。ここに出ている情報なら誰もが他者と共有でき、信頼の根拠を与え、情報の値打ち、確からしさを担保する、というような共通の土台がインターネットにはありません。もちろん人気サイトや誰もが見るヤフーニュースのようなところはありますし、それらの機能はときにマスメディア的です。つまり多数の受け手を持つことによって共通の話題の土台となり得ますが、それは伝統的なマスメディアがカバーしていた姿とは異なります。固有の一次情報の収集組織を持たないため、情報解釈の代理人としては弱すぎ、せいぜい情報流通の代理人と呼ぶしかないからです。

一方、インターネットの発言では、マスメディアという情報解釈の代理人の引用をすることがしばしば行われます。ツイッターやフェイスブックでも個人のブログでも、新聞社など報道のＵＲＬを引用するなどのことがさかんに行われています。このことによって、個人の意見や感想や批判などが社会的現実にレリバンス（適切性）を持つことを示しているのです。それは引用先の報道自体が情報の制度的な信頼を伝統的な形で保証していることの上に立っており、そうしてはじめて発言者が報道の別解釈を提示したり、議論の組上に乗せることができているのです。もちろん、そうすることによって個人の意見が他者に共有される根拠になるわけではありません。こうしたインターネットでのマスメディアの引用形式は、リアル世界で友人と語らうときに、あるニュースショーでのできごとに言及するのと同じです。つまりインターネット上での発言も友人との会話も、マスメディアを社会的現実の基盤として語っている点に差異はなく、差異があるのは語る相手がネット上の多数の他者となった、という点でしょう。その姿は二〇世紀で普遍的だった対人コミュニケーションとマスメディアとの関連性と同型です。

同様に、他の制度的アクターを引用して個人が発信をすることもしばしば生じます。文科省の発表資料を引用する、コスモ石油本社の声明を引用する、などのことです。ここでも条件は同じで、それぞれの制度的アクターがどの程度、公式な情報の発信者として信頼を得ているかがその情報の社会的現実を作る力を規定します。この点までは、対人コミュニケーションとマスメディアとの類似性があるのですが、もちろん先があります。

個人が、マスメディアがカバーしきれていない制度的アクターからの情報を得て発信したり、個人自身の専門性を生かした自前の知識や取材情報や見解や個人的経験を発信することが、インターネット世界独自の特徴です。それはマスメディアという情報源への依存性から解放された世界であり、マスメディアに対する代替的情報源となっていることは疑いようがありません。問題はそこでの情報発信の社会的現実の担保のあり方です。発信の専門性でレピュテーションをいかに確保するかという対人的信頼レベル、そして情報内容そのものに関わる内在的な信念（に対する信頼）のレベルの問題です。大きな制度をバックボーンに持たない以上、発信源としての信憑性は、発信者の専門性や個人的経験の表明に対する信憑性、発信情報の一貫性・正確性をめぐる信憑性に依存するのです。それは対人的信頼レベルでは第4章で議論した評判や個別的信頼に基づくものであり、内在的な信念のレベルでは、第5章の「異質な他者と逸脱行動」の節で検討した逸脱の持つ「行動の文法」の説得力に類した影響力です(注12)。

小さな制度の層とインターネット

対人的な小さな制度の層ではインターネットはどのような変化をもたらしているのでしょうか。

私たちが安定した対人的環境に社会的現実を大きく頼っていることは、本書のはじめから見てきた通りです。友人や家族が驚きに満ちたニュースを共有してくれるからこそ、大事件のニュースも現実感をもって受け止めることができるのです。逆に言えば、インターネットの対人的環境が安定しなければ、その情報を十分に信じることができないという事態が生じ得ます。だとすればインターネット内で不安定で、出入りの多い対人関係しか構築できないとしたら、他者からの社会的現実共有のサポートをどれだけ「頼り」にできるのか、これが課題です。

フェイスブックやミクシィ（mixi）の友人はある程度固定的で、リアル世界との結びつきがあり、その点で小さな制度として機能しやすいかもしれません。他方、たとえばツイッターの情報はフォローしている相手は友人ばかりではなく多様であり得、リツイートされてくる情報はさらに多様です。ですが、そもそもフォローしている相手なら、その人からの情報を信頼しやすい傾向はあるものと思われます。それゆえ匿名の電子会議室のような対人的な層のもっと不安定なところとは異なり、ツイッターにも小さな制度として一定の保証力はありそうです。

また、ツイッターのハッシュタグを用いてソーシャル視聴するような条件下では、状況

（注12）この現象は、必ずしも「個人」に限定されるものではありません。インターネット上の発信者として、非マスメディア的情報源ならば、およそ該当する議論だと考えられます。つまり、NPOなどのボランタリー組織、何らかの研究組織、少数派のメディアなど、社会的現実の第一層である大きな制度の正統性に頼りにくい発信者に該当します。

はやや特異です。選択的なハッシュタグの利用は共通する話題を選んだ対人的環境を作り出します。それは、リアル世界の巨大な観衆によるサッカーや野球の試合観戦と同様の共有体験です。観戦して興奮を共有することが小さな制度として社会的現実を与えてくれるのと機能的には同等の、新しい社会的現実形成のあり方でしょう。東日本大震災直後にツイッターでは互いの経験を語り合い、できごとに対する衝撃的な感情を共有するコミュニティ的な状況が生じたと指摘されるのも、類似の現象です。さらに、フェイスブックの「いいね！」も多数集まれば壮観で、共有の体験をシェアできることで、やはり小さな制度的支えとなっているのです。

新たな共有世界がインターネット上の対人的な層でも形成し得ることがわかってきました。その上で対人的な層で深刻となり得る問題は、異質な他者の問題です。私たちにとって異質な他者とのぶつかりあいは不可避で、その中でいかにして他者と生産的に関与し合うことが可能なのか、それが課題だと第5章では指摘しました。

実際、異質さは世界に充ち満ちていますし、インターネットが巨大な相互接続するネットワークを作り出した以上、異質さに接触し得る機会がそれ以前の世界に比べはるかに高いことはほとんど自明です。しかし他方、インターネット利用のもう一つの大きな特徴は利用者の選択性の自由度が高い点です。このことによって私たちは自分にとって同質的な情報だけを選択できる世界を作り上げ、異質性から目を背け、結果として世界は分断される、つまり、同質的な人々の集団の形成が促進され、自分と信念の異なる人々に出会いにくくなる、という論点はたとえばサンスティン（二〇〇一）によって提出されています。

この論点に対し、賛否両論が飛び交っていますが、インターネット利用者が選択的に同質的な情報に接触するだけではない、という実証的知見もいくつかあります。インターネットが選択的な同質情報への接触の可能性を増大させた一方で、社会的境界を弱化させ、地理的境界、政治と非政治の境界、ニュースと議論の境界、私的領域と公的領域の境界を曖昧化させたことによって、政治的に異質な情報に接触する確率をインターネットが増大させているとの指摘がある通りです（ブランディッジ 二〇一〇）。この研究で行われた全国電話調査では、インターネットのオンラインニュース利用も、オンラインの政治的議論も、いずれも異質な接触を増大させるものでした。ニュース接触に関連した別の研究でも同様に、ニュース情報の有用性は選択的接触を乗り越えることが実証的に大統領選挙時の調査分析を通じて明らかになっています（ノブロック-ウェスターウィックとクライン 二〇一二）。またコノバーら（二〇一一）のツイッター研究はアメリカ大統領選挙の中間年（二〇一〇年）を対象として、党派的なツイートを二五万件分析し、リツイートでは同質性の高い情報が行き交うものの、党派間で互いへの言及（mention）はさかんに行われ、対立する党派間で異質性への接触を実現していることを明らかにしました。

この種の研究は端緒についたばかりであるというのは、第5章でも述べた通りです。けれども、社会的現実の問題として、異質な他者との接触の増大は、私たちが何を現実感の根拠にするか、何を正しいと考えるか、についての不安定さをもたらすことは事実でしょう。しかしこの不安定さに対処し続けていかない限り、私たちは対人的なネットワークを同質的な部分にのみ縮小し、退避して「小さく」生きるしかなくなります。

個人の信念の層とインターネット

最後に、個人の信念の層での社会的現実形成にはインターネットはどのような影響を及ぼすのでしょうか。インターネット世界の中で、自分が常識や慣習にしてきた信念が覆される危機に直面する可能性は増大するのでしょうか。その機会は信念の層の独自の変化によるのではなく、対人的な層における異質な他者との接触が、まさにそうした機会の増大に関与していることによるものです。逆に言えば、自分の関心や選好を近しくするような集団に属し続ける限りは、信念の層は揺らぎにくくなることを意味しています。インターネットでどちらの可能性が増大するのか、それは前述の対人的環境の異質性問題と同様、まだ未知のままです。

●まとめ──情報環境の転変と社会的現実

ここまでは、社会的現実がコミュニケーションを通じて伝えられるものであるため、対面レベルでのコミュニケーションを除けば、媒介的なコミュニケーションであるマスメディアとインターネットを別々に論じてきました。

媒介的なコミュニケーションであるということは、伝えるときに、伝える対象を何らかの形で切り取り、解釈を加え、説得力を加えて伝える、という行為が必ず伴っています。そして、切り取られる断片的な現実がいかなる社会的現実として構成されていくか、を本章では論じてきました。切り取った現実のハイライト化の中で、マスメディアは社会的現実の構成にいくつかのバイアスを持ち込んでいました。いわく情報源のバイアス、送り手の認知的バイアス、そしてパーソナライゼーションでした。

それらバイアスを持ちつつも、マスメディアは制度的には情報解釈の代理人として社会的に機能していることを確認しました。そして現在、その代理人の正統性はインフォームドコンセントのような形で保証されるのではなく、インターネットのような代替メディアとの緊張関係の中で作り出されていき始めています。

インターネットの出現は、社会的な情報環境を強烈に変化させました。マスメディアとの相互乗り入れの中で、マス・レベルの情報環境と対人的情報環境の境界を曖昧化し、情報流通の方向性を大きく変え、多様な集団の構成に寄与し、現実社会に対する行動を引き起こす起点と組織的な支持を提供するメディアとして発展してきました。

同時に、インターネットの普及は社会的現実の形成のあり方を変えてきてもいます。情報解釈の代理人にはなり得ていないインターネットが社会的現実形成において新しいのは、その膨大な情報量と情報間のハイパーリンクによる相互関連づけによって、私たちの社会的現実形成の情報源として重要な役割を担いつつあるからです。このため、いかなる形でネット上の情報が社会的現実たり得るか、またインターネットが対人的な層での社会的現実形成のありさまをいかに変えてきているのか、について未解明の問題も含め、検討してきました。

ここまでの議論を見てわかるのは、マスメディアとインターネットの相互補完、相互乗り入れは想像以上に広く深いことです。この相互乗り入れの深さは互いが持つバイアスも欠点も相互に浸透し得るということでもあります。マスメディアの役割はインターネットの発展によってますますそのあり方が厳しく問われていますが、マスメディアの持つ情報解釈の代理人役割はインターネットの情報の奔流の中でこそ重みを増す可能性があります。

もちろんそれは、この相互乗り入れの中で、インターネットからの批判に耐えてこそです。マスメディアがその任に耐えきれるかどうか、まだその先は見えていません。他方、インターネットはマスメディアに対して批判的役割を果たしつつ、かつ社会的現実の形成の困難さをしのぎつつ、マスメディアの代替メディアと見なされつつあります。ですがどこまで批判と代替が有効であるのか、いつかマスメディアを凌駕し得る日が来るのか、こちらも先は見えておらず、私たちの行く手には未知の可能性が拡がっています。

7・社会のイメージの心理学

●社会的現実を問い直す

社会的現実の中に生きる、社会をイメージして生きる、とはどういうことでしょうか。本書の冒頭から、アメリカ同時多発テロ・9１1と東日本大震災・3１1という二つの大きなできごとを例にあげながら、私たちが何を手がかりに現実感を獲得し、またその現実感を基にして、日々社会に関わっているのか、理解しようとしてきました。

私たちは、日常生活を生きるにあたって、いくつもの前提や常識、あるいはとくに問題にはしない暗黙の仮定をたくさん持っています。そうすることで私たちの生活は、多数の要因を考慮した複雑な意思決定の連続ではなく、ゆったりと安心して、また現実の不確実さに怯えることなく、日々暮らすことができています。

もちろん、日々の安穏ばかりが私たちの人生にとって最良、というわけではありません。ですがその逆の、何も前提にできない、昨日の友は明日の敵かもしれない、私たちの健康で信頼に満ちた生活を法や制度が守ってくれない、といった状況を想像し、その中で複雑な「計算」をして生き抜くという状況を考えてみると、いかに前提や常識に基づいて生きることが日常生活に落ち着きを与えているかがわかることと思います。

911や311のできごとは、そうした「落ち着き」の持つ社会的現実が常に期待できるわけではなく、崩れ得ることを目の当たりにさせ、さらにまたその後の世界のありさまを、つまり社会的現実を変えてしまった、と言えるでしょう。アメリカ的価値観と両立しようのないような世界が厳として存在することを911後の世界は見せてきました。311後の世界では環境・エネルギー問題、とくに原子力発電所の稼働の可否をめぐる一連の問題で、異なる意見の対立の解消の困難さを直視することなしには先に進めません。本書は、そうした目標の共有と実現の困難さを課題として論じてきました。

●ファイナル・レヴュー

ここで各章の要約をしておきましょう。

第1章では、911と311の二つの悲劇に言及しつつ、日常生活の社会的現実がどのように奪われてしまったかを検討しました。とくに、311と象徴的に呼ばれる東日本大震災は日本人の社会的現実に大きな変容をもたらしました。「災後」には地震や原子力発電所による直接・間接の被害にとどまらず、科学技術や社会の安全のシステムに対する信頼が大きく揺らぎ、また社会の将来像をどうすべきか、不確実性が眼前に迫り、人々の意見が大きく割れてしまいました。このような現実の変容を的確にとらえるため、私たちは章の末尾で、フェスティンガーのオリジナルの社会的現実概念を案内役として、概念の拡張を図りました。そして、社会的現実とは、人々が社会的判断や行動を行う際の基準点であり、社会や集団や社会的なできごとの実在性を判断する基盤として機能する、現実についての感覚だと定義し直して出発しました。

第2章は、社会的現実の定義を受けて、社会的現実の制度的基盤という視点から311で起きたことを、まず吟味しました。震災後、「想定外」という言葉が多方面で使われたことを受けて、ここでは三つの「想定外」事象を取り上げました。「想定」は現実に起き得ることを仮定し、「想定」を当然とする側にとってはその仮定をお墨付きや認定のように受け取らせてしまう構造を持っています。一方、「想定外」はリアルな現実のできごとがその仮定を覆すことであり、そのことで私たちが依って立っていた（仮定された）社会的現実の前提が崩落するのです。

３１１の「想定」にとどまらず、私たちは現実の事態について何らかの想定をし、それに基づいて生きていかざるを得ません。そしてその「想定」の中にはリスク事態に対して、ある種の事態が起きる可能性は低いと「お墨付き」が与えられたかのような暗黙の前提が隠されていることがあるのです。そして制度が「想定」した前提を私たちが疑うことは、なかなか難しい。それは日本人が権威主義だから、という理由ではありません。私たちの心理的な認知の仕組みは、前提を問うたり、仮定を疑うことが苦手なのです。そして、こうした想定の上で、ふだんは安心して生活していますし、緊急時になってさえもたとえば避難するかどうかの見極めを想定に基づいて判断する、といったことになりがちです。

さらにこの章で、制度の想定は制度の構造が持つ強制力を前提としていることを、ミルグラムの著名な「服従実験」から明らかにしました。この実験には、実験手続きとして与えられた「制度」を実験参加者（被験者）が正当なものとして受け入れ、それに従って行動させる構造的な仕掛けがありました。

章の終わりでは、社会的現実には三層の基盤があることを示しました。一つめは公式の制度がもたらす「大きな制度」の基盤、次に対人的な環境という少し小ぶりの制度的基盤、そして私たちの脳裏に蓄えられた内在的な力である信念や常識という内的な基盤です。三つが相互に支え合ってはじめて、私たちの社会的現実が成立するのです。これら三層はただ単に重ねられた座布団のように社会的現実を積み上げるだけではありません。そのことが第3章以後で検討されていきます。

第3章は、三層の社会的現実のうち、内在的な信念の層の成り立ちを分析しました。私たちの日常的常識が持つバイアスである「パニック」についての信念が東日本大震災後の原子力発電所事故の対応にも影を落としていることを見ました。実際にはパニックは起きず、緊急事態下の人々はむしろ、内在的信念の「想定」である「日常的常識」から逸脱するような事態の認識に困難を感じることを示しました。これは日常性バイアスと呼ばれます。そして「緊急時には慌ててパニック」という日常的常識が、私たちが広く蓄積した「しろうと理論」の一例であることを示しました。

しろうと理論は私たちの生活の中に遍在しています。それは「科学的」に正しいものもそうでないものも含み、また理論が正しいかどうかとは無関係に、私たちの行動を制約します。血液型と性格や相性との間に関連性があるというしろうと理論の持ち主は、現実には無関連であるにもかかわらず、この理論に基づいて自分の性格を判断したり、他者の行動を予測したり、恋人との距離を測ろうとするのです。

現代世界はテクノロジーの進化した世界ですが、テクノロジーが高度化し、ブラックボックス化することによって、テクノロジーをめぐる私たちの「しろうと理論」はますますあやふやなものになりがちです。人々は、高度なテクノロジーを「マジック」としてではなく、基本的に理解して手元に置きたいのですが、しばしばそれは裏切られます。もっと深刻なのは、誤ったしろうと理論が科学の枠であるテクノロジー・システムの設計に入り込んだ例かもしれません。ハイテク飛行機の「自動化」が生み出した墜落事故を振り返れば、「パニック」を恐れるしろうと理論が自動化への強い設計動機になっていました。危険な状況でパイロットの判断を支援するようなシステムを設計する方向性を持たなかったのです。

飛行機に限らず、現代社会は高度に発達し、多くの部分がブラックボックス化していきます。そして、そのブラックボックスを運営する責任者たるエリートが誤ったしろうと理論を持つことも十分にあり得ます。東京電力のエリート管理者は「パニック」を恐れましたし、震災以外の事態でも、政府のエリート行政官が「大衆の過剰反応はこわい」というしろうと理論によってブラックボックスをさらに不透明にしたがる（反発を浴びそうな部分を隠す）、という事態を露呈しました。これらの事態を踏まえると、制度や仕組みがブラックボックス化しているときに、その運行・運営を管理者や行政官にどこまで任せることが可能か、という社会的な制度の信頼の問題が浮かび上がります。飛行機事故では操縦のお任せである「自動化」が問題でしたが、同じ構造がここでは制度運営者への「お任せ」問題として現れるのです。制度はお任せできるほど信頼できるのでしょうか。

これをうけて、第4章では信頼の問題を扱いました。信頼には制度に対する信頼だけでなく、他者に対する信頼が存在し、両者は互いにつながりあっています。

信頼が社会的現実の議論の中で重要であるのは、他者や制度を信頼することが現実感を確定していく重要なポイントになっているからです。私たちは、信頼できない人の言葉は真実だと思えず現実感を感じません。同様に、信頼できない制度が保証する何か、たとえば飛行機の安全を、もっともだ、それは本当だと確信することはできません。信頼が、小さな制度である対人的な層の社会的現実の確保にとっても、大きな制度である社会的制度の層でも、いずれも重要な役割を果たすことが見て取れます。

信頼を議論するには、「安心」の検討がまず必要でした。安心は人々の行動を外側から制約する仕組みです。それは社会関係や社会構造、社会的なルールあるいは社会的インフラや道具の中に組み込まれています。制度が構造や仕組みを作り出すことで、私たちが行動したときに何が起きるか予測可能とする（複雑性が減少する）だけでなく、ルールに沿わない行動を罰（サンクション）で抑制したり、従う行動を容認したり報いることで促進するのです。

しかし、安心の仕組みだけでは社会は機能していきません。世の中のすべてのことは安心の仕組みで決まり、予測可能なように動くわけではありません。仕組みを動かす人々の裁量の余地は小さくありませんし、仕組みの設計から見ると想定外の事象も多々発生します。

信頼の多側面性の議論を進めるうちに、制度信頼の社会心理学の研究が十分なされていないことが判明しました。そこで制度信頼を理論的に吟味し、制度信頼が、制度を支えるルールや賞罰の束によって構成される安心の構造の上に、制度を運営する人々に対するカテゴリー的信頼が重なって成り立っており、この二重構造を制度の目的通りに機能させることが制度を信頼させると論じました。このとき制度の運営者は制度の目的の代理人となって、その目的を実現する先陣なのです。鉄道制度の中の運転士はリスク対処の代理人、行政制度なら公務員は公正な社会的問題事態対処の代理人として、リスクの軽減や問題事態の解決に取り組むことが期待され、また期待に添うことで制度信頼は上昇するのです。逆のケースは信頼を落とします。

こうしたことを整理した上で、「制度信頼のインフォームドコンセント」の節では、複雑化しブラックボックス化した巨大システムの運営がいかにして信頼可能か、インフォームドコンセントをキーワードとして解明を試みました。インフォームドコンセントは医療分野で知られているように、医師と患者との間で治療に関して詳しく知った上で合意することを指します。ここで信頼される側である医師は制度信頼の運営者でリスク対処の代理人ですが、患者は病気への処方箋を盲目的に代理人に委ねるのではなく、患者もまた対処の方策に納得して代理人を十全に信頼できることを目指すものです。同様の制度信頼のためのロジックを、ブラックボックス化された制度があふれる現代の中で適用すべき必要性を本書では強調しました。インフォームドコンセントという合意の形は、さまざまな制度においてリスクや問題事態対処の代理人を信頼し得るための重要な条件となりつつある、ということです。制度に「黙ってお任せ」の時代は終わったのです。

本章は最後に、信頼は、信頼を結ぶ両者が価値を共有していることで促進され、強化されることを明らかにしました。

第5章では、「信頼の先」の話に挑みました。信頼を結ぶのは価値の共有だと論じると、価値の異なる異質な人と人の間では何もできなくなってしまいます。原子力発電所の再稼働の是非を論じようとしても、あなたと私は価値が異なるとなれば、信頼に足る議論ができなくる恐れがあるでしょう。本当にそうでしょうか。それがこの章の出発点でした。

まず、インターネットの社会が異質な人々で満ちあふれているのに、それほど混乱もせず、ところによっては猛烈な発展を遂げ、異質な人どうしのコミュニケーションの場が成立していることを確認しました。そうした場でよく機能しているのは「お互い様」の原理が発展した一般的互酬性でした。互酬性はインターネット上ばかりではなく、現実の世界においても、異質な人が集まる場では重要な役割を果たしています。

つまり、互酬性のある場では、社会的にプラスとなる交流が異質さの中で実現するのです。それが可能なのは、互酬性をライトアップする環境条件が存在すること、互酬的なやりとりが互いにプラスの結果をもたらすことを経験として確認できること、さらに互酬の場を成り立たせている制度的仕組みへの制度信頼によって支えられていること（たとえば、やらせのない口コミサイトという制度信頼があること）、これらの条件が促進的に働くときだと指摘できます。

しかし信頼と互酬性のセットだけでは社会は先へ進みきれません。異質な人々を交えての意思決定が必要だという場合、最後は異質な人々どうしがぶつかり合うしかありません。このことは、集団の意思決定が異質な人々を交えながらも、どんな条件の下で良質な決定を導き得るのか、という研究へと向かわせます。民主主義社会の質の確保という問題と同じ問いです。互いの意見を尊重し、互いが持つ異質な情報を考慮し尽くし、なおかつ互いが合意し得るような選択肢を発見したり構築できる、そうした良質なぶつかり合いは可能かということを論じました。

異質な他者とぶつかることで複合的な過程が生じます。一方で、私たちは異質な相手にためらい、困惑し、議論の場の中で相手に少しでも近い立ち位置で話そうと歩み寄ります。こうした対立抑制過程が生じる一方、対立が回避できないと理解すると、しばしば異質な相手の立場を認識し損ねたり、自らの立場を強調し、そこに固執しようとする過程も生じます。この二過程がともに現れる中で、どんな条件がぶつかり合いを生産的にしていくか、検討しました。反対意見に耳を傾けることができ、議論の結論を受け入れることができ、自らの意見も議論の場に届いているという有効性感覚を得られるなど、が生産的な条件です。「日本的」と言われるパターナリズムや調和志向はこれらにはマイナスに働くと予想されますが、研究の成果はまだ十分に明らかではありませんでした。

異質な他者の間のコンセンサスの形成とは、社会的現実を新しく形成し、それを共有していく過程に他なりません。それは第2章で紹介してきた社会的現実の三層全体に関わります。コンセンサスによって制度的な仕組みを新たに形成することは大きな制度の層に関わりますし、それが関与した人々の中で共通の現象として小さな制度でシェアされ、最後には内面的な対人的信頼として結実するのは、それぞれ第二、第三の層に関わるものです。

第5章の「意見一致追求傾向による集団思考」「異質な他者と逸脱行動」の各節は、意思決定において異質さを排除し同質性を過度に追求する「集団思考」と、集団の中の異質かつ少数派が影響力を拡大する過程とを論じました。集団思考は意思決定の集団において、同質的なメンバーが異質な見解や異質な情報の取り込みと検討に失敗して生じる大きな判断の誤りです。そこには異質性に対する過度の拒否反応が見られ、現実の見誤りがあります。しかし現実世界はそうした独善性を許容せず、誤った認識に基づく決定が巨大なマイナスの結果を招くことがあります。かたや、異質で少数の人々の逸脱は、集団全体から見た場合、強い拒否感をもって迎えられがちですが、逸脱者が一貫して安定した社会的現実を主張し続けることによって多数派の社会的現実を崩していく場合があります。それは社会変動の大きな要因です。

第5章の末尾では、私たちが異質さとぶつかり、合議し熟議するべき理由と大義を模索しました。価値が共有できず、互酬性規範の実現が難しいところでも、究極的には私たちは共生していく以外に道はありません。その道程の中での合議であり熟議なのです。共生を前提とするからこそ、異なる他者への寛容も信頼も、新しく合意できる社会的現実の達成にも意味があるのです。

第6章では、社会的現実を形成する情報インフラストラクチャーとなっている、マスメディアとインターネットに焦点を当てました。マスメディアは情報インフラであるだけでなく、「社会的情報解釈の代理人」でもあります。大きな制度の一翼を担い、社会に流れる情報を人々が共有し、それが現実に起きたことだ、世界の実像なのだと了解するためのバックボーンになり得ているのです。そこにインターネットとの差異があります。インターネットは情報インフラではあっても、制度的な保証をするものではありません。それは善悪の問題ではなく、制度的な構造の差異です。

マスメディアが現在抱える問題は、「代理人」としての正統性が明示的に保証できないことです。第4章で安全系の制度インフラがインフォームドコンセントによって、その正統性を確保する方向に舵を切りつつあることを述べましたが、マスメディアではインフォームドコンセントがうまく成り立ちません。現在の状況は、マスメディアはインターネットという対抗的メディアによる批判に堪えるだけの情報インフラとなり得るのか、両者のインタラクティブな社会的検証のあり方を模索している段階だと言えるでしょうか。

マスメディアが情報インフラであると言っても、世界に発生するすべてのできごとや森羅万象を伝えられるわけでなく、そこには不可避な選択性、つまりバイアス、があります。問題は、情報の受け手である視聴者がこの選択性に気づくのが難しく、選択されて報道されたものを元の現実の姿だと想定しがちだ、ということです。東日本大震災のときにも、被災の状況が報道される地域ばかりに支援物質が殺到し、逆に困難な状況が伝えられない地域は不足したという事実は、情報源のバイアスが持つ負の効果を如実に示しています。

情報の送り手にはさらに二つのバイアスがあります。専門家であってもパニックを過度に恐れるなどの認知的バイアスを有し、それが反映して過度に慎重な報道につながる事態も、東日本大震災では生じました。他方、できごとを「パーソナライゼーション」して、できごとの元にある制度そのものの問題を追及する機会を失うというリスクもあります。

インターネットが社会の隅々まで行き渡り始めたことはよく認識されていますが、その情報インフラとしての位置づけは、必ずしも明瞭に意識されているわけではありません。対人的情報環境の一翼を担う情報の発信源としての多彩な集団形成のあり方など、個々のインターネット・メディア内での相互作用の検討も必要です。が、それ以外に強調されるべき点は、マスメディアとの相互乗り入れのあり方とその差別化です。マスメディアに対抗するメディアとしてのインターネットがマスメディアの持つ情報解釈の代理人性を活性化し得るのみならず、逆にインターネット上での発信行動がマスメディアによって活性化され、マスメディアに対する批判的発信、マスメディアに取って代わり得る代替情報源の提示、マスメディアで欠落している争点の提起にもつながっているのです。この相互乗り入れと機能分化や差別化を通じて、また現実世界での行動喚起力を通じて、インターネットは市民のエンパワーメントが社会全体の社会的現実形成に直接的に関わる道を大きく開いたのです。

●私たちは社会をエンジニアリングできるか――制度設計と社会心理学

私たちにとって社会的現実とは、社会的判断の基準でした。できごと、ものごとのもっともらしさ、確からしさについての認識です。本書ではこの現実認識の基盤のもろさを論じ、もろさの崩れるところに社会的現実の脆弱さが露わになることを見てきました。また他方、社会的現実が制度信頼や他者への信頼、さらに安心の構造によって支えられるところを見てきました。そして、人々の間の異質さによって社会的現実はしばしば不安定化しながらも、異質さどうしがぶつかり合うところに新たな社会的現実が生み出されることを確認しました。

本書で東日本大震災後に訴えたかったのは、対立する社会的現実の間で互いの異質さにためらうことなく、ぶつかり合うこと、集団に過度に同調せず、逸脱者となることに怯えず、異質さの中で対話し続けることです。それが対立に身のすくんだこの社会の再生を見出す一筋の道です。そうした世界に対峙しなければ、私たちは先を見ることがかないません。

対峙を可能とするのは「教育の力」かもしれません。議論の機会を教育の場で与え、異質な他者とのコミュニケーションのチャンスを安全な場で経験させることで、異質性の高い社会への船出に、子どもたちを備えさせる、と。実際にそのような方向を日本の教育も目指しているようです。

しかし教育で訓練を積んでも機会がなければそれは活かせません。集団思考に見たように構造的に議論を抑圧するような条件下では、異質さと対峙することさえままなりません。現実の社会でもっと必要なのは、機会と構造だと言えるでしょう。

ここで初めて、機会と構造を作り出す制度設計の可能性が浮かんできます。社会心理学を踏まえた社会の制度設計やエンジニアリングは可能か、という問いを投げかけたいと思います。制度設計やエンジニアリングに心理学を応用して検討する、と述べると仰天する人がいます。人の心を操る仕組みを作ろうとする提案か、というわけです。これはマッドサイエンティストを恐れる心理と同じです。

けれどもそれは誤解です。心理的な操作をブラックボックス化することで、人を操ろう、と主張したいのではありません。そうではなくて、本書で見てきた社会的現実のさまざまな問題の解決の手段として構造や機会の設計に注目する、そこに主眼があります。たとえば、本書で見てきた社会的現実の「想定」問題、しろうと理論の危うさ、信頼問題、代理人問題、異質な他者とのせめぎあい、合議の危うさ、タテ型制度の持つ強制力、情報環境のバックボーン問題、各種の構造的・認知的バイアス、といった社会的現実の構成上の問題に対して、構造的に解決できるものは何かを考えよう、対応可能であるならば制度設計やエンジニアリングによって問題の解決の一助を試みようではないか、と主張したいのです。近年、サービスイノベーションやサービスサイエンスとの関わりで、社会心理学に対する需要が高まっているのも、発想は似ています（池田編 二〇一〇）。

この二〇一〇年の著作で主張した点は二つでした。一つは鳥瞰的な視点を得る「見える化」を心理的要因やソーシャル・ネットワーク的要因を含めて進めること、もう一つは人と人の相互作用の社会的アフォーダンス（後述）の設計を工夫して現今の問題の構造を変えてしまうことでした。いま本書において、社会的現実のあり方に対しても同様のアプローチを試みることが可能だと述べたいのです。

それはまず何より、社会的現実の構造を「見える化」することで、社会的な問題のありかを発見しやすくするはずです。

第4章でふれた鉄道に対する安全認識の問題では、安心の強化より信頼の強化こそが、安全性の認識をより高めることを明瞭に示していました。だとすれば、鉄道事故や鉄道周りの不祥事に対して罰則と監視の強化ばかりを唱えるのは監督官庁にとっては当然かもしれませんが（そしてそれが「仕事をした」というアリバイになる）、もっと目を向けるべき方向があることは明らかです。確かに監視も罰則も必要ですが、それ以上に人々が安全を認識するのは、リスク対処の代理人である運転士や運営会社の信頼に足る行動を認識するときなのであり、彼らがどう「信頼に応えるか」、「お客様の安全第一」へのコミットメントを確かに伝えられるか、これがポイントなのです。人々の安全のリアリティは信頼の中にこそあるのです。

さらに、リスク対処の代理人とインフォームドコンセントの関連性を思い出してください。代理人に対してインフォームドコンセントが求められるのは、まさにそれが信頼に関わるからであるのは、先にふれた信頼と安心の構造が見えてはじめてよく理解できます。パターナリスティックに「黙って任せよ」の時代は医療にとってもリスク管理の領域においても終わったのです。監視と制裁で安心を確保するのみならず、リスク対処の代理人が信頼し得ることを確信でき、また同意できなくてはならないのです(注1)。

第二のポイントは、アフォーダンス（affordance）です。アフォーダンスとはある種の行動を行いやすくする構造的な仕組みです（ノーマン 一九八八）。工夫にあふれた創意や仕組みによって事前に問題の発生を抑制することが社会的現実についても可能ではないかと考えます。

アフォーダンスとは具体的には何か。都市の中心部の歩道の設計によって、混雑時でも歩行者の流れをスムーズに自然に誘導できる構造を作り出す、などはそうした例です。もっと単純な例は、椅子は座りやすいようにできている、ということでしょう。座りやすい高さや面積のアフォーダンスがあるのです。逆に地下街の通路に設置されている椅子は、その上で寝込んだりしないように、寝るには不適な構造をしています。これもアフォーダンスの例です。モノが持つ構造や形が、ある種の行動（パターン）を促進し、ある種の行

（注1）なお、「見える化」と第3章で見てきたようなテクノロジーを「隠す」こととの関連は、なにやらパラドックスのように聞こえます。テクノロジーをブラックボックス化して複雑な構造を隠すことが簡単で使いやすいハイテク製品を生み出す、という事実は「見える化」に反するのではないか、というわけです。ですが、ふだんは使いやすいが、いざというときに構造が見えずに対応を誤る可能性のあるブラックボックス化と、複雑な構造の中で、どの部分が修正・改善の対象かを可視化する「見える化」は、目指すところがずれています。

動を抑制するのです。

同様に、インターネット上のいくつかの仕掛けも、社会的なアフォーダンスを生み出します。フェイスブックの中で「いいね！」しかなく、「いけてない！」をクリックすることができないのは、不快な交流を防ぐのに有効でしょう。現実世界で起き得ることをそのまま行動に反映させるだけが、インターネットではないのです。

こうした社会的アフォーダンスを有効に利用することによって、社会的現実の構築に効果あるアフォーダンスは作り出せるでしょうか(注2)。

たとえば、「キュレーション」と呼ばれることもあるようですが、インターネットでは大量に流れている情報の中から適切な情報を吟味して抜き出し、それを集約し、チェックを容易にするような仕組みは、特定の専門性に特化したブログのみならず、ツイッター上に流れる情報を容易にまとめることのできるトゥゲッター（Togetter）などのシステムとしても実現しています。それらは「情報解釈の代理人」というには規模は小さいが、「情報の流通の代理人」としての信頼度を上げるアフォーダンスとなって機能しています。異質な他者、多様な他者の海の中で、自分の好みや行動にマッチするキュレーターを探し出すことで、社会全体の社会的現実の解釈を共有することまでは無理でも、（おいしさのもっともらしさ、これが通という感覚などなど）好みの世界の貴重な情報を共有し、享受することができるアフォーダンスが創り出されているのです。このようなアフォーダンスがあるからこそ初めて、インターネットは単に個々人が自分の好みや意見を発信している無限の情報の大海ではなくて、好みの魚が並べられた魚屋さんの店頭のような、情報の流れのアフォーダンスが享受できる場となるのです。

では、人々を異質さにより接触させ、また討論を友好に促進するようなアフォーダンスは可能でしょうか。つまり、多元的リアリティの和解をエンジニアリングし、それを促進する社会的なアフォーダンスを作り出し得るか、という問題です。

この問題はいくつかの課題に分解可能です。たとえばインターネット上で、異質な他者との接触が減ってネットワークが同質化するのを防ぐような仕掛けは可能か、異質な他者との間で互酬的に情報や意見のやりとりを促進するシステムを構成することは可能か、などと具体的な目標を立てることができます。第6章の「インターネットがもたらす変化」

（注2）社会的コミュニケーションの構造化を設計に取り入れるという発想は四半世紀前のウィノグラードの優れたメールシステム「コーディネータ」に潜在的に含まれていました。これはメールのやりとりの中での人々の言語行為（**speech act**）の構造化事例です（ウィノグラードとフローレス 一九八六）。

の節で言及したサンスティンのように、インターネットは人々の同質化ばかりを促進するに違いない、という見方は、インターネットのカスタマイズ化可能性、つまり設計の柔軟性を低く決めつけるもので、賢いやり方ではありません。現状は固定したものではなく、ネットワークの構成、合議や合意のシステムは柔軟に構成可能です。そのことで目的を達成するアフォーダンスを持つ仕組みを作ること、それこそイノベーションによって達成するべき課題となります。

この異質さのエンジニアリングの課題として、設計したいアフォーダンスの仕組みは多々あります。人々に当面の争点の情報解釈を共有化させ、矛盾する情報をあぶりだし、議論を促進し、一般市民にハバーマス的な基準の達成をアフォードする仕組みは可能か。対話者間に上下関係が生じないような抑制的な仕組みを用意し、特定の参加者に議論を偏らせず、さらに集団思考の陥穽に対処する、といった仕組みは可能か。討論型世論調査で見たような、参加する人々の熟考を可能にするためには、参加者間の対立をヒートアップさせず、議論の進行を整理するモデレータを仕組みとして組み入れる設計などもどこまで可能でしょうか。

そのようなぶつかり合いの仕組みに自発的に参加する人がいるかを考えると、異質な他者とのぶつかり合いの仕組みのアフォーダンスの必要性のみならず、人々をぶつかり合いの場に導くアフォーダンスの重要性を指摘できます。政治的議論を焦点とするような場に自発的に導かれる人々は、それだけで政治に関心ある人々に偏っていると言わざるを得ないからです。だとすると、異質な他者とのぶつかり合いの場は、そもそもそれを主目的とするのではなく、ぶつかり合いが何らかの行動の副産物として生じるようなアフォーダンスとして構築することは可能か、が問題となります。あるいは現実世界にある政治に近い問題、たとえばコミュニティの中の共通の問題解決のために、こうしたぶつかり合いの仕組みを提供することが「使われる」機会になるのかどうか、という問いも可能でしょう。コミュニティの環境問題、学校教育の問題、消費や安全についての問題、こうした身近ではあるが対立含みの問題に対して、ぶつかり合いながらも、不必要な対立を回避させるようなアフォーダンスある仕組みをインターネット上あるいは現実のハードウェアで用意できるか、ということも検討課題になります。

最後に、よく構成された熟議のアフォーダンスの仕組みを、異なる主張でぶつかり合う外国間の共通の問題を検討するために用いることも大きな課題として掲げることができるでしょう。一見対立の解消し得ない問題にこそ、異質さのエンジニアリングが挑むべき課題があるのです。

アフォーダンスや見える化の構築は、社会の制度設計やエンジニアリングをまさに必要としていることを見てきましたが、他方で釘を刺さねばならないことは、制度設計もエンジニアリングも技術決定論に終わることはあり得ない、という点です。そこに社会心理学も含めた社会科学が必要とされるゆえんがあります。本書を通じて論じてきた社会的現実の構造は、アフォーダンスのみで決定しきることはできません。制度信頼が安心の仕組みでは成り立たなかったのと同様、どこまでもヒューマンファクターは決定的要因の一つです。そしてヒューマンファクターの中で認知心理的な情報処理の制約のみに注目する（つまり人間を個体としてのみ扱う）のも誤りです。人間が他者とコミュニケーションで結びつき、社会的現実を三つの層の複合的な組合せで認識し、その上で意思決定する存在であることを考慮すれば、見える化の作業の中で、人間という社会的動物の限界と可能性とを探り、その上でアフォーダンスの構築が、この限界と可能性の一部をどれだけ適切に前向きに、変化させ得るのか、つまり情報の流れ、コミュニケーションのパターン、コミュニケーション相手の選択、意思決定で考慮する要因の選択に影響をもたらすことができるのか、これらを吟味する必要があります。まさに、エンジニアリングと社会心理学がコラボレーションできる境界面です。

最後は、まだ見ぬ世界への願望のようになりましたが、今の私たちの社会的現実が、現状の問題を抱えたままの姿で終わらぬように、私たち自らが世界を変え、私たち自身で望ましい社会的現実を作りだしていくためには、あえて私は本書をこうした形で終えようと思います。

あとがき

本書『新版 社会のイメージの心理学――ぼくらのリアリティはどう形成されるか』は、二〇年前に書いた初版を、九割がたリニューアルしたものです。

何年も前から新版を出すようにと勧められていましたが、思い切る機会がなかなかないまま、引き延ばしてきました。初版の明るい雰囲気がとても好きだったからです。

そうこうしているうちに二〇一一年三月一一日に東日本大震災が起き、それを機に本書を書き改める覚悟をしました。世の中のリアリティが変わったことを書かねばなるまい、と思い立ったのでした。世の中が暗転したというよりも、いままで見えなかったものが浮かび上がり、私たちはそれに対処しなくてはならない、と判断し、それが後押しとなりました。震災後一年近く経って書き始めてみると、思いのほか難事業で、他の仕事の傍らながら、毎月一章分の執筆に届かない牛歩の歩みでした。しかし振り返れば、目を覚まさせられるような体験でした。

初版は、この国がバブル経済と言われた頃の余韻を残していた時期に、自分の若気の至りを反映したものか、とても自由で楽天的なものでした。新版は、震災後の日本社会を見聞きし、突破口はどこにあるか、と模索した側面を持つ本へと変わっています。もちろん自由に書かせていただきながら、一方で社会科学の研究者の立場としての責任と貢献の必要性を感じています。このこともあって、初版よりも二倍近く分厚い本となりました。書きたくて時間を懸命に空け、そこにエネルギーを注ぎ込んできましたので、各方面に多大なしわ寄せをして失礼してしまったかもしれません。この場を借りてお詫び申し上げます。

本書では初版以後、社会的現実＝ソーシャル・リアリティについて新たに考え続けた素材を、核となるいくつかのアイデアでドリップし、抽出しています。自分の関わってきた社会心理学も政治学も行政学もインターネット論も比較文化もソーシャル・ネットワーク研究も工学とのコラボレーションも、その中でブレンドされています。

より具体的には、大震災後によく論じられた「想定」の意味、「しろうと理論」と科学、プロフェッショナルのブラックボックス化、安心と信頼を超えた制度信頼の構造、互酬性問題、異質な他者のいるソーシャル・ネットワーク、熟議、マスメディアとインターネットの相互作用などを、すべてソーシャル・リアリティの視点から一貫して書こうと試みました。

とくに、制度信頼（第4章）と他者の異質性（第5章）、この二つの重要性に注目していません。これらは社会心理学の視点から十分に議論されてきていません。信頼の研究で著名な山岸俊男教授も、人に対する信頼については多弁ながら制度信頼についてはほとんど検討していません。また「他者の異質性」とは奇妙な言葉ですが、政治学でも民主主義論でも、自分と違う人々や集団とどうやって折り合っていくか、深く入り組んだ問題であり、ソーシャル・リアリティ論にとっても、肝心の議論となります。

新版を書くベースとして、私が長らく授業の中で展開してきた「社会心理学概論」の蓄積をまとめた上に、さらに信頼研究の文脈で発展させた理論的な枠組みを盛り込みました。二〇〇〇年代初期、社会関係資本と政治参加の関連性に重心をおいて研究し、その余白で信頼にも関心を持っていた私を、公共機関の信頼研究に誘ってくださったのは工学の堀井秀之教授（東京大学）でした。またこれと時をおかずして行政の信頼研究に誘ってくださったのが中邨章教授（当時明治大学）で、これらを両輪として、社会心理学ではよく研究されてきた対人的信頼から制度の信頼の考究に進むことが可能となりました。お二人にはこの場を借りて感謝申し上げます。

そして信頼や異質な他者について直接的に議論を深め、根気よく対話を続けてくださったのは、ネットワーク研究の安田雪教授（関西大学）でした。ともに研究の視点が重なる部分も多く、ソーシャル・ネットワークから信頼へと研究を進めている道筋も同じでした。安田教授著『ルフィの仲間力』や『ルフィと白ひげ』（ともにアスコム）に見える対人的信頼論に触発されたことに始まり、研究者の視点から社会へと訴える姿勢に教えられるところも多く、本書全体の執筆にコミットしていただきました。本書が震災後のモノクロのトーンから抜け出して訴え得ているところがあるのであれば、安田教授のご支援の賜物です。記して深く御礼を申し上げます。

さらに、安田教授とご一緒している、日本学術振興会の「東日本大震災学術調査」プロジェクトの仲間の皆さんからも大いに刺激を受けました。ここでは、田中淳教授（東京大学）、柴内康文教授（東京経済大学）という同僚を得て、東日本大震災をめぐってメディア研究の視点から実証的に掘り下げていくことが可能になりました。このプロジェクトに参加する機会を与えて下さった村松岐夫教授（学術振興会）にも併せて感謝申し上げます。

そしてサイエンス社編集部の清水匡太さんにも長期にわたってプッシュをいただき、また同編集部の出井舞夢さんには編集にあたって多大なご支援をいただいたことを、御礼申し上げます。

あとがき

最後は個人的な感懐です。本書の完成とともに二一年教えた大学を離れることにいたしました。この二一年の両端に本書の初版と新版が位置しているため、この新版はまるで卒業論文のようです。この間、どんなことを考え、実証し、新たに練り上げることができたか、読者にご判断を預けます。本書が人や制度への信頼、異質な他者や集団との交わり、それらの持つ意味と意義とを熟考して他者との間でリアリティとして実効ある世界の中に組み上げ、新しい世界にたどり着く足がかりを示し得ていれば、たいへんに幸甚です。

二〇一三年春から志願して京都の地、同志社大学社会学部メディア学科にて、メディア心理学を講じます。ここを拠点に、古き文化の中で新しき思考を涵養し、これまでにないものを創り出していきたい。そういう志を抱いています。

二〇一三年一月の夜のしじまの中で

池田　謙一

告（政府事故調中間報告）

Triandis, H. C. (2001). Individualism-collectivism and personality. *Journal of Personality*, **69**, 907–924.

Turner, R. H. (1976). Earthquake prediction and public policy. *Mass Emergencies*, **1**, 179–202.

Wenger, D. E., Dykes, J. D., Sebok, T. B., & Neff, J. D. (1975). It's a matter of myths : An empirical examination of individual insight into disaster response. *Mass Emergencies*, **1**, 33–46.

Winograd, T., & Flores, F. (1986). *Understanting computers and cognition : A new foundation for design.* Norwood, NJ : Ablex Publishing Corp.
（ウィノグラード，T.・フローレス，F.　平賀　譲（訳）(1989)．コンピュータと認知を理解する――人工知能の限界と新しい設計理念――　産業図書）

Wojcieszak, M. E., & Price, V. (2012). Perceived versus actual disagreement : Which influences deliberative experiences? *Journal of Communication*, **62**, 418–436.

山田　陽（2008）．熟議民主主義における正当化――その批判的一考察――　日本政治学会 2008 年大会発表論文

山岸俊男（1998）．信頼の構造――こころと社会の進化ゲーム――　東京大学出版会

山岸俊男（2008）．日本の「安心」はなぜ，消えたのか――社会心理学から見た現代日本の問題点――　集英社インターナショナル

Yamagishi, T. (2011). *Trust-the evolutionary game of mind and society.* Springer.

安田　雪（2012）．コスモ石油千葉工場火災二次災害防止デマの拡散過程の分析――デマを広めるのは，言葉か人かつながりか――　日本ソフトウェア科学会ネットワークが創発する知能研究会発表論文

瀬川至朗（2011）．原発報道は「大本営発表」だったか——朝・毎・読・日経の記事から探る—— *Journalism*, 2011. 8, 28−39.
関谷直也（2005）．「原子力の安全観」に関する社会心理史的分析——原子力安全神話の形成と崩壊—— 中村　功・関谷直也・中森広道・森　康俊・鈴木敏正　日本人の安全観　平成16年度原子力安全基盤調査研究成果報告書（東洋大学）　第3章
Shibutani, T. (1966). ***Improvised news.*** Bobbs-Merrill.
Slater, D. H., Nishimura, K., & Kindstrand, L. (2012). Social media, information and political activism in Japan's 3. 11 Crisis. Expanded and updated version of "Social media in disaster Japan." In J. Kingston (Ed.), *Natural disaster and nuclear crisis in Japan : Response and recovery after Japan's 3/11* (*Nissan Institute/Routledge Japanese Studies*).
曽根泰教（2012）．エネルギー・環境の選択肢に関する討論型世論調査　調査結果報告2012年8月22日　首相官邸国家戦略室〈http://www.npu.go.jp/policy/policy09/pdf/20120822/shiryo5-3-2.pdf〉（2013年1月23日）
杉本誠司（2011）．ニコ動でテレビ震災報道を配信——一足飛びに始まった協業の意味—— *Journalism*, 2011. 10, 30−37.
Sztompka, P. (1999). ***Trust : A sociological theory.*** Cambridge. UK : Cambridge University Press.
田中孝宣・原　由美子（2011）．東日本大震災——発生から24時間 テレビが伝えた情報の推移—— 放送研究と調査, 2011 December, 2−11.
田中孝宣・原　由美子（2012）．東日本大震災——発生から72時間 テレビが伝えた情報の推移：在京3局の報道内容分析から—— 放送研究と調査, 2012 March, 2−21.
田中幹人・標葉隆馬・丸山紀一朗（2012）．災害弱者と情報弱者—— 3・11後，何が見過ごされたのか—— 筑摩書房
谷口将紀（2008）．日本における変わるメディア，変わる政治——選挙・政策・政党—— ポプキン，S.・蒲島郁夫・谷口将紀（編）メディアが変える政治　東京大学出版会　pp. 149−174.
谷原和憲（2011）．巨大震災とテレビ報道——つまずきながら進んだ「複合災害」特番—— *Journalism*, 2011. 6, 4−11.
東京電力福島原子力発電所における事故調査・検証委員会（2011）．中間報

放送出版協会
Nir, L. (2011). Motivated reasoning and public opinion perception. *Public Opinion Quarterly*, **75**, 504−532.
Norman, D. A. (1988). *The psychology of everyday things.* Basic Books.
(ノーマン，D. A.　野島久雄（訳）(1990)．誰のためのデザイン？——認知科学者のデザイン原論——　新曜社)
奥山俊宏（2012a）．〈福島原発事故〉発表と報道を検証する——2011 年 3 月 11 日〜 17 日，現場では何が起きていたのか（取材記者による特別リポート 上）——　*Journalism*, 2012. 6, 64−80.
奥山俊宏（2012b）．〈福島原発事故〉報道と批判を検証する——東電原発事故の現実と認識，その報道，そしてギャップ（取材記者による特別リポート 下）——　*Journalism*, 2012. 7, 76−94.
Pennington, N., & Hastie, R. (1992). Explaining the evidence : Tests of the story model for juror decision making. *Journal of Personality and Social Psychology*, **62**, 189−206.
Price, V. (1992). *Public opinion* (*communication concepts 4*). Newbury Park CA : Sage.
Price, V., Cappella, J. N., & Nir, L. (2002). Does disagreement contribute to more deliberative opinion? *Political Communication*, **19**, 95−112.
Plickert, G., Côté, R. R., & Wellman, B. (2007). It's not who you know, it's how you know them : Who exchanges what with whom? *Social Networks*, **29**, 405−429.
Quarantelli, E. L. (1954). The nature and conditions of panic. *American Journal of Sociology*, **60**, 267−275.
Quarantelli, E. L. (1957). The behavior of panic particpants. *Sociology and Social Research*, **41**, 187−194.
Ranney, A. (1983). *Channels of power : The impact of television on American politics.* New York : Basic Books.
Sunstein, C. (2001). *Republic.com.* Princeton University Press.
(サンスティン, C.　石川幸憲（訳）(2003). インターネットは民主主義の敵か　毎日新聞社)
佐野和美（2011）．週刊誌の原発事故報道を検証する——科学コミュニケーションの視点から——　*Journalism*, 2011. 10, 38−49.

―― インプレスジャパン
加藤寛一郎（1989）．生還への飛行　講談社
Knobloch-Westerwick, S., & Kleinman, S.B.（2012）. Preeletion selective exposure : Confirmation bias versus informational utility. *Communication Research*, **39**, 170－193.
Lupia, A., & McCubbins, M. D.（1998）. *The democratic dilemma : Can citizens learn what they need to know?* Cambridge : Cambridge University Press.（ルピア，A.・マカビンズ，M. D.　山田真裕（訳）（2005）．民主制のディレンマ――市民は知る必要のあることを学習できるか――　木鐸社）
Maass, A., & Clark III, R. D.（1984）. Hidden impact of minorities : Fifteen years of minority influence research. *Psychological Bulletin*, **95**, 428－450.
松本三和夫（2012）．構造災――科学技術社会に潜む危機――　岩波書店
Milgram, S.（1975）. *Obedience to authority.* Taylor & Francis.（ミルグラム，S.　岸田　秀（訳）（1980）．服従の心理――アイヒマン実験――　河出書房新社，山形浩生（訳）（2012）．服従の心理　河出書房新社）
Moscovici, S.（1985）. Social influence and conformity. In G. Lindzey, & E. Aronson（Eds.）, *The handbook of social psychology.* 3rd ed. New York : Randomhouse, 2, pp. 347－412.
Miller, D. T., & Ratner, R. K.（1998）. The disparity between the actual and assumed power of self-interest. *Journal Personality and Social Psychology*, **74**, 53－62.
本保　晃（2011）．原発災害報道にツイッターを活用――テレビ・ラジオを補う効果――　新聞研究, 2011.9（No.722）, 28－32.
村上春樹（1999）. アンダーグラウンド　講談社
Mutz, D. C.（2006）. *Hearing the other side : Deliberative versus participatory democracy.* Cambridge, MA : Cambridge University Press.
中谷内一也・Cvetkovich, G.（2008）. リスク管理機関への信頼――SVSモデルと伝統的信頼モデルの統合――　社会心理学研究, **23**, 259－268.
Neuman, W. R., Just, M. R., & Crigler, A. N.（1992）. *Common knowledge : News and the construction of political meaning.* Chicago : The University of Chicago Press.
NHK放送文化研究所（編）（2010）．現代日本人の意識構造　第7版　日本

28, 99−113.

Ikeda, K., & Boase, J. (2011). Multiple discussion networks and their consequence for political participation. *Communication Research*, **38**(5), 660−683.

池田謙一・唐沢　穣・工藤恵理子・村本由紀子（2010）．社会心理学　有斐閣

池田謙一・丸岡吉人・松永　学・柴内康文（1994）．ブラックボックス化時代の情報機器・家電イメージの認知心理学的研究　吉田秀雄記念事業財団　平成 4 年度助成研究集　pp. 1−13.

池田謙一・村田光二（1991）．こころと社会――認知社会心理学への招待――　東京大学出版会

Ikeda, K., & Richey, S. (2011). *Social networks and Japanese democracy : The beneficial impact of interpersonal communication in East Asia.* London : Routledge.

稲垣敏之（2010）．R&D シンポジウム基調講演 システム化・自動化の進展と人間の役割　*JR EAST Technical Review*, **30**(Winter 2010), 2−19.

稲増一憲・池田謙一（2007）. マスメディアと小泉の選挙――メディアはコトバを与えたか，関心を高めたか――　池田謙一（編）政治のリアリティと社会心理――平成小泉政治のダイナミックス――　木鐸社　pp. 107−128.

伊藤　守（2012）．ドキュメント テレビは原発事故をどう伝えたのか　平凡社

Iyengar, Shanto (1991). *Is anyone responsible? : How television frames political issues.* Chicago : The University of Chicago Press.

Iyengar, Sheena (2010). *The art of choosing.* NY : Twelve.
（アイエンガー，シーナ　櫻井祐子（訳）（2010）．選択の科学――コロンビア大学ビジネススクール特別講義――　文藝春秋）

Jacobs, L. R., Cook, F. L., & Delli Carpini, M. X. (2009). *Talking together : Public deliberation and political participation in America.* Chicago, IL : Chicago University Press.

Janis, I. L. (1982). *Groupthink : Psychological studies of policy decisions and ficascoes.* 2nd ed. Boston : Houghton Mifflin.

情報支援プロボノ・プラットフォーム（iSPP）（2012）．3. 11 被災地の証言――東日本大震災 情報行動調査で検証するデジタル大国・日本の盲点

York : Oxford University Press.
(ガンパート，G. 石丸 正（訳）(1990). メディアの時代 新潮社)
平田明裕・諸藤絵美・荒牧 央 (2010). テレビ視聴とメディア利用の現在(2)──「日本人とテレビ・2010」調査から── 放送研究と調査, 2010 October, 2-27.
Habermas, J. (1981). *Theorie des Kommunikativen Handelns.* Frankfurt am Main : Suhrkamp Verlag.
(ハバーマス，J. 河上倫逸他訳 (1985-87). コミュニケイション的行為の理論 未来社 上・中・下巻)
萩原 滋 (2000). テレビと新聞が伝えるニュースの重複と分化 マス・コミュニケーション研究, **57**, 95-108.
Hayashi, N., & Yosano, A. (2005). Trust and belief about others : Focusing on judgment accuracy of others' trustworthiness. *Sociological Theory and Methods* (理論と方法), **20**, 59-80.
Hogg, M. A. (1992). *The social psychology of group cohesiveness : From attraction to social identity.* New York : Harvester.
池田謙一 (1986). 緊急時の情報処理 東京大学出版会
池田謙一 (2000). コミュニケーション 東京大学出版会
Ikeda, K. (2004). *Japanese & Korean Lineage users in group context : Social capital interpretation.* Paper prepared for the Association of Internet Researchers (AoIR) 5 in the University of Sussex, England, Sept. 2004.
池田謙一 (2004). ネットイン・ネットアウト──電子媒体の内と外── 池田謙一（監修）ITと文明──サルからユビキタス社会へ── NTT出版 pp. 192-227.
池田謙一 (2008). 信頼形成と安心 環境安全, **116**, 3-5.
池田謙一 (2010a). 行政に対する制度信頼の構造 年報政治学, 2010-I, 11-30.
池田謙一 (2010b). マスメディアとインターネット 池田謙一・唐沢 穣・工藤恵理子・村本由紀子 社会心理学 有斐閣 pp. 267-289
池田謙一（編）(2010). クチコミとネットワークの社会心理──消費と普及のサービスイノベーション研究── 東京大学出版会
池田謙一 (2012). アジア的価値を考慮した制度信頼と政治参加の国際比較研究──アジアンバロメータ第2波調査データをもとに── 選挙研究,

(2005). 政治報道とシニシズム——戦略型フレーミングの影響過程——　ミネルヴァ書房)
筑紫哲也 (1985). メディアの海を漂流して　朝日新聞社
Conover, M. D., Ratkiewicz, J., Francisco, M., Goncalves, B., Flammini, A., & Menczer, F. (2011). *Political polarization on Twitter.* Paper for Association for the Advancement of Artificial Intelligence.
Delli Carpini, M. X., Cook, F. L., & Jacobs, L. R. (2004). Public deliberation, discursive participation, and citizen engagement : A review of the empirical literature. *Annual Review of Political Science,* **7**, 315–344.
Duchesne, S., & Haegel, F. (2010). What political discussion means and how do the French and (French-speaking) Belgians deal with it? In M. R. Wolf, L. Morales, & K. Ikeda (Eds.), *Political discussion in modern democracies : A comparative perspective.* Abingdon, UK : Routledge. pp. 44–61.
遠藤　薫 (2011). そのときテレビ・新聞は何を伝えたか——地震直後の報道の概観——　新聞研究, 2011. 9 (no.722), 19–23.
Festinger, L. (1950). Informal social communication. *Psychological Review,* **7**, 271–282.
Festinger, L. (1954). A theory of social comparison processes. *Human Relations,* **7**, 117–140.
Fishkin, J. S. (1995). *The voice of the people : Public opinion and democracy.* Yale University Press.
藤森　研 (2011). 新聞が報じた大震災と原発事故——記事・社説の分析から提言する——　*Journalism*, 2011. 10, 4–13.
藤竹　暁 (1975). 事件の社会学——ニュースはつくられる——　中央公論社
福島原発事故独立検証委員会 (2012). 調査・検証報告書（民間事故調報告書）　一般財団法人日本再建イニシアティブ（発行：ディスカヴァー・トゥエンティワン)
Furnham, A. F. (1988). *Lay theories : Everyday understanding of problems in the social sciences.* Oxford, UK : Pergamon Press.
(ファーンハム, A. F.　細江達郎（監訳）・田名場　忍・田名場美雪（訳）(1992). しろうと理論——日常性の社会心理学——　北大路書房)
Gumpert, G. (1987). *Talking tombstones and other tales of the media age.* New

引用文献

Ackerman, B., & Fishkin, J. S. (2004). *Deliberation day.* New Haven, CO : Yale University Press.

Arendt, H. (1963). *Eichmann in Jerusalem : A report on the banality of evil.* New York : The Viking Press.
(アーレント，H. 大久保和郎（訳）(1969). イェルサレムのアイヒマン——悪の陳腐さについての報告—— みすず書房)

Arneil, B. (2006). *Diverse communities : The problem with social capital.* Cambridge : Cambridge University Press.

朝日新聞大阪本社広告局 (2012). ソーシャルメディアと新聞〈http://adv.asahi.com/modules/media_kit/index.php/socialmedia.html〉(2013年1月23日)

Bächtiger, A., & Pedrini, S. (2010). Dissecting deliberative democracy : A review of theoretical concepts and empirical findings. In M. R. Wolf, L. Morales, & K. Ikeda (Eds.), *Political discussion in modern democracies : A comparative perspective.* Abingdon, UK : Routledge. pp. 9–25.

Baum, M. A. (2003). *Soft news goes to war : Public opinion and American foreign policy in the new media age.* Princeton, NJ : Princeton University Press.

Blass, T. (1991). Understanding behavior in the Milgram obedience experiment : The role of personality, situations, and their interactions. *Journal of Personality and Social Psychology*, **60**, 398–413.

Brundidge, J. (2010). Encountering “difference” in the contemporary public sphere : The contribution of the Internet to the heterogeneity of political discussion networks. *Journal of Communication*, **60**, 680–700.

Burger, J. M. (2009). Replicating Milgram : Would people still obey today? *American Psychologist*, **64**, 1–11.

Cappella, J. N., & Jamieson, K. H. (1997). *Spiral of cynicism : The press and the public good.* New York : Oxford University Press.
(カペラ，J. N.・ジェイミソン，K. H. 平林紀子・山田一成（監訳）

著者略歴

池《いけ》田《だ》　謙《けん》一《いち》

1978 年　東京大学文学部社会心理学専修課程卒業
1982 年　東京大学大学院社会学研究科社会心理学専門課程博士課程中途退学
1990 年　明治学院大学法学部助教授
1992 年　東京大学文学部助教授
1995 年　東京大学大学院人文社会系研究科助教授
2000 年　同　教授
現　在　同志社大学社会学部メディア学科教授（2013 年 4 月より）
　　　　博士（社会心理学）

主要編著書

Social networks and Japanese democracy : The beneficial impact of interpersonal communication in East Asia. Routledge, 2011.（共著，Sean Richey と）
『社会心理学』（共著）（有斐閣，2010）
Political discussion in modern democracies : A comparative perspective. Routledge, 2010.（共編著，Michael R. Wolf，Laura Morales と）
『クチコミとネットワークの社会心理――消費と普及のサービスイノベーション研究』（編集）（東京大学出版会，2010）
『ネットが変える消費者行動――クチコミの影響力の実証分析』（共編著）（NTT 出版，2008）
『政治のリアリティと社会心理――平成小泉政治のダイナミックス』（木鐸社，2007）
『コミュニケーション』（東京大学出版会，2000）
『転変する政治のリアリティ――投票行動の認知社会心理学』（木鐸社，1997）
『緊急時の情報処理』（東京大学出版会，1986）

セレクション社会心理学－5
新版　社会のイメージの心理学
——ぼくらのリアリティはどう形成されるか——

1993年4月10日© 初版発行
2013年4月10日© 新版第1刷発行
2021年2月10日 新版第4刷発行

著　者　池田謙一
発行者　森平敏孝
印刷者　中澤　眞
製本者　松島克幸

発行所　株式会社　サイエンス社
〒151-0051　東京都渋谷区千駄ヶ谷1丁目3番25号
営業☎(03)5474-8500㈹　振替 00170-7-2387
編集☎(03)5474-8700㈹
FAX☎(03)5474-8900

印刷　(株)シナノ　製本　松島製本

ISBN978-4-7819-1320-9

PRINTED IN JAPAN

サイエンス社のホームページのご案内.
http://www.saiensu.co.jp
ご意見・ご要望は
jinbun@saiensu.co.jp　まで.